novum pro

AF172314

Guido Ehrenmann

# Bossing
## Mein Weg durch die Hölle

novum pro

www.novumverlag.com

Bibliografische Information
der Deutschen Nationalbibliothek:

Die Deutsche Nationalbibliothek
verzeichnet diese Publikation in
der Deutschen Nationalbibliografie.
Detaillierte bibliografische Daten
sind im Internet über
http://www.d-nb.de abrufbar.

Alle Rechte der Verbreitung,
auch durch Film, Funk und Fernsehen,
fotomechanische Wiedergabe,
Tonträger, elektronische Datenträger
und auszugsweisen Nachdruck,
sind vorbehalten.

© 2019 novum Verlag

ISBN 978-3-99064-627-4
Lektorat: Isabella Busch
Umschlagfoto: Guido Ehrenmann
Umschlaggestaltung, Layout & Satz:
novum Verlag
Innenabbildung: Guido Ehrenmann

Die vom Autor zur Verfügung gestellte
Abbildung wurde in der bestmöglichen
Qualität gedruckt.

Gedruckt in der Europäischen Union
auf umweltfreundlichem, chlor- und
säurefrei gebleichtem Papier.

www.novumverlag.com

# Vorwort

Mir, als sich wehrender Betroffener von Mobbing am Arbeitsplatz – mit bester Aussicht auf Misserfolg –, ist es ein Anliegen, andere Leidensgenossen[1] auf mein Fehlverhalten hinzuweisen. Ich versuche Tipps zu geben, wie es meine Leser möglicherweise besser machen können als ich. Einige Zitate bereichern meine Aufzeichnungen, und auch ein bisschen Humor soll nicht fehlen und zur Auflockerung des so gar nicht heiteren Themas beitragen.

Dieses Buch ist nicht wissenschaftlich („Gescheites" gibt es schon genug auf dem Markt), es ist „nur" menschlich. Es beschreibt lediglich meine persönlichen Erlebnisse und Meinungen. Und nach meiner Erfahrung können keine Broschüren, kein mir bisher bekanntes Buch und keine Beratungsstelle helfen, Mobbing zu verhindern. Beratungsstellen können nur feststellen, dass man tatsächlich schon in einer Mobbingfalle steckt und einen im besten Fall dahingehend beraten, wie man vielleicht noch das Beste für sich daraus machen kann. Aber den Schaden haben wir da schon erlitten. Das ist nicht mehr zu ändern.

Wenn Sie merken, dass Sie gemobbt werden, ist es höchstwahrscheinlich schon zu spät, um die Situation noch zu einem fairen Abschluss zu bringen.

Im ersten Teil erzähle ich meine Geschichte, welche ausnahmslos Fakten enthält. Nichts ist dazugedichtet. Alles, was ich hier schreibe, ist tatsächlich so passiert. Und dies kann auch nachgeprüft werden. Interessierte dürfen sich gerne bei mir melden. (guidoehrenmann@gmail.com)

Meine Geschichte ist anonymisiert abgefasst. Wenn ich Namen verwende, sind diese nicht identisch mit den tatsächlichen Namen.

---

1 selbstverständlich auch Leidensgenossinnen – und es gilt für das komplette Werk, ohne dass ich weiterhin speziell auf diese Tatsache aufmerksam machen werde.

Etwas, was Sie als (zukünftiges) ebenfalls betroffenes Opfer unbedingt wissen müssen, ist, dass Sie durch die Hölle gehen werden. Im wahrsten Sinne des Wortes. Und wenn Sie anfangen, sich gegen das Mobbing zu wehren, reicht die Hölle nicht mehr aus! Es wird unglaublich unmenschlich. Man wünscht solche Erfahrungen nicht einmal seinem ärgsten Feind – dem Teufel.

Noch etwas. Glauben Sie ja nicht, dass Ihnen irgendjemand ernsthaft in Ihrer Angelegenheit zur Seite steht. Nein. Sie müssen sich selber helfen!

Ich hoffe jedoch, dass ich Sie mit diesem Werk wenigstens ein bisschen dabei unterstützen kann.

Der kürzere zweite Teil enthält einige Erklärungen, Schlussfolgerungen und Meinungen von mir zum Thema Mobbing/Bossing und zu Themen, welche die heutzutage vorherrschende unanständige Personalführung stark beeinflussen.

Damit Sie aber wissen, wem Sie die folgenden Seiten zu verdanken haben ...

... Ich sehe mich als zwar unbedeutenden, aber dafür selbstständigen und unabhängigen Vor-, Quer- und Nachdenker. Geboren 1954 als erster Sohn meiner stolzen Eltern. Ich habe drei ältere und eine jüngere Schwester sowie zwei jüngere Brüder.

Nach neun nicht enden wollenden Jahren Grundschule absolvierte ich eine Lehre als Autoelektriker. Danach unüblich viele verschiedene Anstellungen in meinem Beruf. Aber ich bin auch fremdgegangen, unter anderem als technischer Hauswart und in der Druckindustrie mit Auslandsaufenthalt. Nicht zuletzt auch dadurch bin ich zu meinem heute sehr breiten Wissen auf dem Gebiet der Technik und im Fahrzeug- und Maschinenwesen gekommen. Mit 47 Jahren habe ich berufsbegleitend ein Studium als Flugzeug-Techniker in Angriff genommen, welches ich dann mit 51 Jahren auch tatsächlich – und erfolgreich – abgeschlossen habe. Selbstverständlich habe ich mich auch laufend beruflich weitergebildet mit verschiedensten Kursen und Schulungen. Ich habe Werkstätten geführt, Lehrlinge ausgebildet, selber Kurse ausgearbeitet und unterrichtet.

Privat habe ich vier gescheiterte Beziehungen hinter mich gebracht. In zweien davon habe ich mich erfolglos als Ehemann versucht. Nun, aller guten Dinge sind drei: Heute bin ich, in meiner fünften Beziehung, seit über 24 Jahren glücklich verheiratet, und ich habe insgesamt drei Kinder. Es geht mir (wieder) gut!

Und nun, liebe Leser: „Viel Vergnügen!"

Herzlichst
Ihr Guido Ehrenmann

# Erster Teil

*[... Wer die Wahrheit nicht kennt, ist nur ein armer Idiot,
wer sie aber kennt und nicht sagt, ist ein Verbrecher ...]*
Aus: „Liebe ist die letzte Brücke" – Heinz G. Konsalik; 1999

*Wenn das Unrecht geschieht,
dass Recht zu Unrecht und Unrecht zu Recht erklärt werden,
ist Widerstand Pflicht – und Recht!*
Das Originalzitat von Berthold Brecht:
[... Wenn Unrecht zu Recht wird, wird Widerstand zur Pflicht ...]",
von mir „zu Recht" gebogen.

# Montag, 18. März 2016 – Hiob

Die Hiobsbotschaft überbrachte mir Chef 2 (siehe Organigramm am Schluss) am 18. März 2016, morgens um 08:40 Uhr. Er kam völlig überraschend zu mir in die Werkstatt, wo ich gerade mit der Reparatur eines Traktors beschäftigt war. „Guido, komm bitte zu uns ins Büro. Sofort!"
„Ja, gleich. Ich wasche mir nur noch schnell die Hände. In fünf Minuten bin ich da." Ich dachte, sie hätten etwas rausgefunden. Oder sie wollten mich etwas fragen. Oder sie wollten mich rausschmeißen. Oder was? Ich wurde jetzt sehr schnell sehr nervös. Was meinte er mit „zu uns"? Wer war die andere Person oder waren die anderen Personen?
„Guten Tag Personalchefin, was kann ich für euch tun?" Etwas Geistreicheres kam mir in dem Moment nicht in den Sinn. Die Personalchefin und Chef 2 waren die einzigen Anwesenden, außer mir.
„Guten Morgen Guido. Nimm doch bitte Platz", begrüßte mich die Personalchefin mit sehr reserviertem Gesichtsausdruck.
Das bedeutet nichts Gutes, dachte ich und nahm Platz.
„Guido, du bist mit sofortiger Wirkung von der Arbeit freigestellt!"

*Und in diesem Moment beschloss ich, dass ich über meine hier gemachten Erfahrungen ein Buch schreiben würde …*

# Herbst 2010 – Anwerbung

Der Chef und sein Stellvertreter – nennen wir ihn Kollege1 – kamen auf mich zu, um anzufragen, ob ich nicht jemanden wüsste, der ihre Werkstatt auf Vordermann bringen könnte. Sie suchten einen neuen Werkstattleiter.

Ich kenne beide aus einer früheren Anstellung. Der Chef war damals schon mal mein Chef und seit etwa fünf Jahren in seiner aktuellen Position tätig. Kollege1 war früher einmal ein Arbeitskollege von mir, und der Chef war da ebenfalls sein Chef. Er war jetzt seit etwa drei Jahren beim Chef angestellt.

„Fragt doch Georg, der hat mit mir zusammen die Technikerschule absolviert. Der könnte das, glaube ich." Er war auch der Einzige, welcher mir bekannt war, der die doch sehr hohen Anforderungen erfüllen könnte.

Beide lachten. „Den haben wir schon gefragt. Der will nicht."

„Aha, wäre das vielleicht etwas für mich? Warum braucht ihr überhaupt jemand Neues? Hat der bisherige Werkstattleiter gekündigt?"

„Nein, noch nicht", sagte der Chef süffisant lächelnd. „Er hat noch nicht gekündigt. Aber ich arbeite daran. Nun, er kann unsere Anforderungen nicht erfüllen. Und er will und kann nicht mit Computern umgehen – nicht mal Outlook ist ihm geläufig."

*Im Nachhinein muss ich sagen, dass ich hier aufmerksamer hätte sein sollen. Aber ich fühlte mich geschmeichelt, dass der Chef mich in Betracht zog, ihn zu unterstützen. Dazu kam, dass ich mich beim damaligen Arbeitgeber nicht mehr sicher fühlte, da dieser, als Folge von Investoren, laufend Bereiche ins Ausland auslagerte und Stellen abbaute.*

*Wenn jemand in diesem Zusammenhang sagt: „Er hat noch nicht gekündigt", ist dies ein ganz klares Zeichen dafür, dass dieser Jemand keine Skrupel kennt. Wer seinen Anforderungen nicht genügt oder ihm anderweitig im Wege steht, wird gnadenlos entfernt. Und da bei vielen Arbeitgebern heutzutage eine Kündigung nicht ohne schwerwiegenden Grund ausgesprochen werden kann, bringt man ganz einfach den Betroffenen dazu, dies von sich aus zu tun.*

## Tipp für Opfer:

Seien Sie äußerst aufmerksam, wertes Opfer, wenn Sie einmal eine solche oder eine so ähnliche Äußerung hören!

## Tipp für Täter:

Ihnen kann ich nur den Rat geben, sich menschlich zu verhalten. Tauschen Sie sich fair und empathisch mit Ihrem Opfer aus! Nur so kann eine einvernehmliche Lösung Ihres Problems gefunden werden!

# Winter 2010/2011 – Hurra, ein neuer Job

Es folgten verschiedene Gespräche und Zusammenkünfte.

Einmal trafen wir uns, zusammen mit meiner Frau, in einem Lokal im Shop-Ville am Zürcher Hauptbahnhof.

Ein anderes Mal waren Kollege1, dessen Frau, meine Frau und ich beim Chef privat zum Essen eingeladen.

Alles immer sehr ungezwungen und angenehm. Und wir sprachen dabei auch über die Aufgaben und Bedingungen einer möglichen Anstellung von mir.

Wir wurden uns einig und ich bewarb mich, der Ordnung halber auch schriftlich, um diese Anstellung. Es folgte das obligatorische Bewerbungsgespräch mit der Personalabteilung.

Wir vereinbarten, dass ich meine neue Arbeit am 1. April 2011 antreten würde. Den Vertrag würde man mir zustellen.

Nun, der Vertrag kam nicht. Respektive nicht termingerecht. Ich war da gerade 56 Jahre alt, und, da ich mich beruflich verändern wollte und dies wohl die letzte Möglichkeit für einen Wechsel war, vertraute ich auf die mündlichen Zusagen des Personaldienstes und vom Chef.

Ich kündigte Ende Januar 2011, ohne einen gültigen Arbeitsvertrag zu haben, meine damalige Anstellung per Ende März 2011.

Den Arbeitsvertrag erhielt ich per Post am 12. Februar.

Zu meinem Entsetzen musste ich feststellen, dass entgegen unserer Abmachung nicht der vereinbarte Lohn aufgeführt war. Das angegebene Salär lag um 7,5 Prozent tiefer.

Ich kontaktierte sofort den Chef. „Das ist nur während der Probezeit so. Nachher wird das angepasst."

Und wieder vertraute ich – musste ich vertrauen. Denn natürlich wäre es ohnehin zu spät gewesen, um noch etwas daran zu ändern.

Selber schuld, Guido!

## Tipp für Opfer:

Seien Sie nicht mit unangebrachten Hemmungen behaftet.

Wenn Sie eine gegenseitige mündliche Zusage über die Anstellungsbedingungen haben, aber noch nichts ist schriftlich vereinbart, pfeifen Sie auf Ihre mündliche Zusage und die Ehre! Ihr Partner pfeift ja auch drauf.

Kündigen Sie einen bestehenden Arbeitsvertrag erst, wenn Sie den neuen rechtsgültig und unterschrieben in Ihren Händen halten.

Sie haben sonst keine Möglichkeit mehr, sich Ihr vorverhandeltes Recht zu sichern.

## Tipp für Täter:

Und Ihnen kann ich hier nur den Rat geben, sich menschlich zu verhalten. Bleiben Sie fair! Stehen Sie zu Ihrem Wort! Machen Sie keine Versprechungen, die Sie nicht halten können – oder wollen!

Übrigens, das Motto vom Chef für das Jahr 2011 lautete:
*WIR HALTEN ABMACHUNGEN UND ABLÄUFE EIN!*

Das wusste ich aber zu diesem Zeitpunkt noch nicht.

Ich wurde eingestellt, um die bestehende Werkstatt in Ordnung zu bringen. Die „altbewährten" chaotischen Zustände sollten eliminiert und alles in einen zeitgemäßen Werkstattbetrieb umfunktioniert werden.

Dazu waren meine sehr breiten und fundierten technischen Fähigkeiten und Ausbildungen sowie meine exakte Arbeitsweise gefragt.

# April 2011 bis September 2013 – fast alles gut

Sie können es sich wahrscheinlich denken: Mein Lohn wurde nach der Probezeit natürlich nicht angepasst. Ich sei schon ganz oben auf dem Lohnniveau angesiedelt, erklärte man mir
 Etwa sechs Monate nach meiner Einstellung, so genau weiß ich das nicht mehr, ereignete sich etwas, was möglicherweise das spätere Verhalten vom Chef mir gegenüber mit beeinflusst hat. Ich selber hatte diesem Vorfall bis Anfang 2016 keine besondere Bedeutung beigemessen. Ich hatte ihn sogar vergessen. Es war so:
 Bei einer der monatlich stattfindenden sogenannten Mitarbeiter-Information, hatte der Chef einen Mitarbeiter vor uns allen zurechtgewiesen, weil dieser etwas gemacht habe, was er, der Chef, so nicht angeordnet hatte.
 Ich meldete mich zu Wort und erklärte, dass der Mitarbeiter diese Arbeit in meinem Auftrag so ausgeführt habe. – In meiner damaligen Funktion als Werkstattleiter war dies durchaus legitim.
 Der Chef passte mich daraufhin ab und zischte mich drohend an: „Mach so etwas nie wieder!" Natürlich ohne dass Zeugen anwesend waren.
 Zuerst wusste ich überhaupt nicht, was er meinte. Aber dann wurde es mir klar. Ich hatte, seiner Ansicht nach, seine Autorität untergraben.
 Aber für mich war es einfach nur normal, dass ich den Mitarbeiter verteidigte und die Schuld auf mich nahm. Für ihn jedoch war es tiefste Verletzung seines Egos. Er hatte – wenn auch nur ganz kurz – die Kontrolle abgeben müssen.

## Tipp für Opfer:

Führen Sie unbedingt ein Arbeitstagebuch! Und zwar vom ersten Arbeitstag an. Auch wenn alles „Friede, Freude, Eierkuchen" ist. Denn, wenn Sie erst damit anfangen, Ihre Eindrücke und Erlebnisse aufzuschreiben, wenn Sie merken, dass etwas nicht mehr stimmt, ist es höchstwahrscheinlich zu spät. Sie erinnern sich nicht mehr (gut genug) an alle relevanten Geschehnisse.

Wenn Sie aber ein Arbeitstagebuch führen und die Geschehnisse aufschreiben, merken Sie viel früher, dass etwas nicht mehr mit rechten Dingen zugeht. Sie können schneller reagieren und so vielleicht die drohende Entwicklung abwenden.

## Tipp für Täter:

Und noch einmal: Verhalten Sie sich bitte menschlich! Nehmen Sie sich nicht so wichtig. – Sie sind es nicht!

Und vergessen Sie nicht, dass nur Ihre Mitarbeiter Ihnen Ihre Position ermöglichen. Niemand sonst.

Also seien Sie bitte ein bisschen dankbar – oder versuchen Sie es wenigstens!

*[… Leider schaffen Hierarchien immer Gelegenheit, Schwächere zu schikanieren, was als höchster Grad der Arroganz zu betrachten ist. Dieses Verhalten gründet sich auf der Überzeugung der Schikaneure, sie seien etwas Besseres als ihre Opfer …]*
Aus: „Kann mir bitte jemand das Wasser reichen?" – Ari Turunen, 2010

Sie sehen, liebe Leser, meine erste Zeit beim Chef war nicht gerade vom besten Stern bestrahlt. Nur war mir das zu diesem Zeitpunkt noch gänzlich unbewusst.

Bis September 2013 war dann aber doch alles einigermaßen problemlos. Und ich erhielt nach einem Jahr dann doch noch eine minimale Lohnerhöhung von einem halben Prozent …

Und per November 2012 wurde ich dann auch noch zum Vorarbeiter befördert. Dies ging jedoch nicht mit mehr Lohn einher. Dafür mit mehr Pflichten. Und mit mehr Verantwortung. Ich hatte nun zu der Leitung der Werkstatt zusätzlich auch die personelle Verantwortung meiner Mitarbeiter. Das war aber für mich kein Problem, da ich schon jahrelange Erfahrung darin hatte.

*Sagt der Angestellte zu seinem Chef:*
*„Wenn Sie mir keine Lohnerhöhung geben,*
*erzähle ich allen Kollegen, Sie hätten mir eine gegeben."*
Quelle unbekannt

Der einzige Wermutstropfen in dieser Zeit war eigentlich nur die Kontrollsucht vom Chef. Er wollte über alles und jeden Bescheid wissen. Er hatte die erste Zeit auch die unangenehme und respektlose Angewohnheit, dass er während der Besprechungen mit mir telefonisch erreichbar war. Dadurch wurden wir oft unterbrochen. Auch bis zu zehnminütige Telefonate waren keine Seltenheit. Er stoppte dies erst, als ich nach einigen erfolglosen Hinweisen meinerseits einmal kommentarlos eine Besprechung verließ.

Er wollte über jeden „Furz" unterrichtet sein. Und alles sollte genau nach seinen Anweisungen erledigt werden, was aber nicht wirklich meiner Auffassung von Selbstständigkeit entspricht.

Mir reicht es, wenn ich eine Aufgabe mit Ziel zugewiesen bekomme. Die Details, wie, wo und wann, kann ich durchaus selbstständig planen und erledigen. Und ich mache auch niemals einen Unterschied zwischen den einzelnen Kunden. Für mich sind sie alle absolut gleichwertig und werden gleich bedient. Ob da der Kaiser von China oder der Toilettenreiniger von Hintertupfingen etwas von mir will, ist völlig egal. Der Kunde hat ein Anliegen, und ich helfe ihm. Dazu bin ich da.

Wenn ich einen Auftrag erhalte, dass etwas bis zu dem und dem Zeitpunkt erledigt sein muss, muss mir niemand erklären, wie ich es angehen muss, dass alles klappt. Der Chef sah dies aber leider meist anders. Er wollte die Kontrolle haben. Die Kontrolle über alles!

Und der Chef steckte ausnahmslos immer die Lorbeeren für die guten Arbeiten seiner Mitarbeiter für sich selber ein.

Wenn zum Beispiel jemand zu ihm sagte: „Das sieht aber gut aus!" oder „Das haben Ihre Leute aber prima gemacht!", lautete seine Antwort meistens etwa so: „Ja, das ist eben gute Personalführung."

Schlaues Kerlchen!

Ja, er schmückte sich gern mit fremden Federn, mein Chef. Und er tut es wahrscheinlich immer noch.

Ich habe ihn auch nie freiwillig ein Lob oder ein einfaches Dankeschön gegenüber seinen Mitarbeitern aussprechen hören. Höchstens, wenn er speziell darauf hingewiesen wurde, hat er sich vielleicht dazu bequemt, sich einmal global zu bedanken.

*[… Großtuerei, Prahlerei und völlige Unfähigkeit zur Empathie ebenso wie zur moralischen Hinterfragung des eigenen Handelns sind häufig Wesenszüge eines psychisch kranken Menschen …]*
Aus: „Kann mir bitte jemand das Wasser reichen?"
Ari Turunen, 2010

Ich habe die Werkstatt umfunktioniert, Abläufe geändert, Systematik und Kontrollen eingeführt. Eben alles gemacht, was von mir erwartet wurde. Alles, wofür der Chef mich eingestellt hatte.

Und ich lernte einige tolle Menschen und Kollegen kennen. Alles in allem war ich sehr zufrieden mit diesem Arbeitsplatz. Wir hatten ein gutes Arbeitsklima unter uns Kollegen und Mitarbeitern.

Die Werkstatt funktionierte unter den gegebenen und nicht zu ändernden Umständen (Infrastruktur, Vorgaben) entsprechend gut. Und der Chef war sehr zufrieden mit mir. Was auch nicht zuletzt durch die Tatsache bestätigt wurde, dass ich von ihm zum Vorarbeiter befördert wurde.

Das Einzige, was er ein paarmal bemängelte, war, dass ich seiner Meinung nach zu häufig etwas viel Zeit für einzelne administrative Arbeiten aufwendete. Aber genau darum hatte er mich ja, unter anderem, eingestellt: Weil ich eine sehr exakte und zielorientierte Arbeitsweise habe.

Und ich halte nichts – absolut gar nichts – von der allüberall so hochgelobten und oft geforderten (aber leider meist falsch interpretierten und damit auch falsch angewendeten) Arbeitsweise nach der 80-20-Regel.

# Oktober 2013 bis Ende 2013 –
# der soziale Chef

Unser neuer Werkstattmitarbeiter (Mitarbeiter 1) begann seine Arbeit bei uns.

Schon bald wurde klar, dass dieser ein Glücksgriff war. Seine fachlichen und handwerklichen Fähigkeiten waren ausgezeichnet. Er arbeitete effizient und selbstständig. Heutzutage eine Seltenheit in dieser Branche.

Das merkte auch der Chef sehr schnell. Schon nach kurzer Zeit fing er an, wiederholt zu erwähnen, dass Mitarbeiter 1 doch wirklich ein sehr guter Mechaniker sei. „Wir müssen dafür sorgen, dass er bei uns bleibt."

Und Mitarbeiter 1 habe privat sehr große finanzielle Verpflichtungen (das Übliche halt: Kinder, Scheidung, Alimente).

Im Laufe der nächsten Zeit nahm dann die Idee vom Chef langsam Formen an. Er wurde konkreter. Er wollte Mitarbeiter 1 fördern und schulen, damit dieser fit werde, um die Werkstattleitung zu übernehmen, wenn ich in Pension gehe.

Und das war absolut und zu 100 Prozent auch in meinem Sinne. So wäre sichergestellt, dass mein Nachfolger seine neue Aufgabe ohne mühsames und langwieriges Einarbeiten und Kennenlernen aufnehmen könnte.

## 2011 bis 2013 – alles gut

In diesen drei Jahren beschwerte sich der Chef nie, dass ich meine Arbeit nicht gut machen würde. Abgesehen von dem erwähnten Vorwurf, dass ich manchmal zu viel Zeit für administrative Arbeiten benötigte. Die Rückmeldungen der Kundschaft und die Jahresqualifikationen bestätigten meine respektable Arbeit.

# Januar 2014 bis August 2014 – Jetzt geht's los!

Anfang des Jahres fragte mich Chef, ob ich vorhätte, mich eventuell früher pensionieren zu lassen.

Ich erklärte ihm, dass dies bei mir auf keinen Fall vor Erreichen des 63. oder 64. Lebensjahres infrage käme. „Ich bleibe dir also noch mindestens drei bis vier Jahre erhalten."

Ich dachte mir überhaupt nichts dabei, außer, dass es der Chef für die Personalplanung früh genug wissen wollte, falls ich mich vorzeitig pensionieren lassen möchte.

Dann erlebte ich aber das ganze Jahr hindurch immer wieder ungerechtfertigte Anschuldigungen und Reklamationen vom Chef an meine Adresse.

Zum Beispiel: „Warum ist das noch nicht erledigt?", „Das habe ich dir doch gesagt!" oder: „Ist dein Überkleid sauber?" und: „Das da aber bitte nicht schief montieren!" So etwas sagt man vielleicht zu einem Lehrling, aber sicher nicht zu einem gestandenen Fachmann, und dazu noch vor anderen anwesenden Mitarbeitern und Kunden.

Auch „fehlende Informationen und Lächerlichmachungen musste ich hinnehmen und ertragen:

So wurden mit Mitarbeiter 1 und/oder Kollege 1 Themen besprochen und Beschlüsse gefasst, welche den Ablauf meiner Werkstatt tangierten, ohne dass ich informiert wurde.

Die Folgen sind klar. Ich wurde als direkte Folge immer wieder von Aktionen überrascht und musste meine Planung komplett über den Haufen werfen. Teilweise waren dann auch Verzögerungen der Kundenarbeiten nicht mehr zu verhindern. Und wieder der Hinweis vom Chef: „Das habe ich dir doch gesagt!"

Hatte er aber nicht!

Und für die Kundschaft war ich dann derjenige, der die Arbeiten nicht fristgerecht erledigte.

Immer wieder entschuldigte ich das Verhalten vom Chef: „Mann, hat der wieder eine Laune heute! Wahrscheinlich hat er Probleme zu

Hause oder mit seinen Liegenschaften und den Finanzen. Oder Chef 2 macht ihm das Leben schwer."

Nun, ich leide nicht an einer Paranoia und auch nicht an einer Form von Demenz. Das habe ich sogar ärztlich abklären lassen. Aber wenn man regelmäßig – fast täglich – immer wieder hören muss, dass man dies oder das vergessen oder dies und das falsch gemacht habe, wird man immer unsicherer in Bezug auf die eigenen Fähigkeiten. Und wenn man noch dazu, wie ich, einen an Demenz erkrankten Vater hat, nimmt diese Unsicherheit bisweilen fast schon bizarre Formen an. Ich fing an, Chaos in meine Systematik zu bringen.

Zum Beispiel kam mir mitten in einer Tätigkeit etwas in den Sinn, was mir der Chef auch noch aufgetragen hatte, und schon fing ich an, dieses Etwas zu bearbeiten, ohne die vorher angefangene Arbeit fertigzustellen ... Und bis Ende Woche waren dann einige Arbeiten tatsächlich nicht erledigt.

Und nun fingen auch die Selbstzweifel an. Begleitet von Schlaflosigkeit. Ich hatte täglich mehr „Angst", zur Arbeit zu gehen. „Habe ich alles erledigt, was der Chef mir aufgetragen hatte? Was reklamiert er wohl heute wieder? Was habe ich vergessen? Bin ich wirklich so vergesslich, wie der Chef mich glauben lässt? Scheiße!"

Das Schlimmste war, dass dieses Verhalten vom Chef die Mitarbeiter dahingehend beeinflusste, dass diese sehr wohl die Vorwürfe und Reklamationen vom Chef mitbekamen. Und dadurch wurden sie ganz langsam zu „Mitwissern" und glaubten dann auch teilweise, dass ich nicht mehr in der Lage war, meine Arbeit ordentlich und termingerecht erledigen zu können.

Mein seltsames Verhalten und meine nun tatsächliche teilweise Unzuverlässigkeit bestärkten die Mitarbeiter und Kollegen noch in diesem Glauben. – Und ich wurde noch unsicherer ...

Dieser Teufelskreis kam ganz langsam und unmerklich zustande und war vorerst nicht mehr aufzuhalten.

## Tipp für Opfer:

Suchen Sie, sobald Ihnen bewusst wird, was falsch läuft, unbedingt das Gespräch mit Ihren Arbeitskollegen. Besprechen Sie Ihr Problem und Ihre Empfindungen, und befragen Sie sie nach deren persönlich gemachten Beobachtungen.

## Tipp für Täter:

Seien Sie menschlich! Suchen Sie das Gespräch mit Ihrem Opfer. Sagen Sie ihm, was Ihr Problem ist, sonst kann es sich nicht orientieren und sich auch nicht Ihren (neuen) Anforderungen anpassen.

Die Probleme fingen nun auch an, mein Privatleben zu beeinflussen. Ich war öfter aggressiv zu meiner Frau, die ja nun wirklich nichts dafürkonnte. Es kam die Zukunftsangst dazu. Denn ich wollte ja nicht die letzten Jahre bis zur Pensionierung arbeitslos sein. Ich wollte diesen Zustand beenden. Ich machte mir gezwungenermaßen auch Gedanken über eine andere Anstellung. Wenn man aber, so wie ich, altershalber so gut wie nicht mehr vermittelbar ist, wird dies wirklich schwierig!

Zu dieser Zeit, im ersten Halbjahr 2014, war es mir aber noch in keinster Weise bewusst, dass ich in eine Mobbingfalle geraten war. Ich hatte nur Angst und Selbstzweifel. Ich merkte auch, dass ich nicht mehr derselbe war wie noch vor einem halben Jahr. Ich ging nicht mehr mit der gleichen Freude zur Arbeit wie zuvor.

Das bemerkten auch einige Mitarbeiter, die mich fragten: „Guido, was ist mit dir? Du lachst nicht mehr so wie sonst. Hast du Probleme?"

Offenbar hatte ich mich wirklich verändert. Ganz langsam, schleichend. Und ich wusste nicht wirklich, warum dies so war.

Ich hatte mich in dieser Zeit auch schon intensiv nach einer neuen Stelle umgesehen.

Ich studierte die Stellenausschreibungen in allen möglichen Zeitungen und Zeitschriften. Ich suchte im Internet. Ich platzierte Anfragen bei Stellenportalen. – Aber ohne Erfolg. Es gab zwar Stellen, jedoch nur für junge, günstige und eher unerfahrene Bewerber: „Idealalter: zwischen fünfundzwanzig und fünfunddreißig" …

Dann, etwa Mitte 2014, kam der diesmal doch sehr ruppige Hinweis vom Chef, dass ich mir doch Gedanken machen solle, ob ich nicht doch vielleicht früher in Pension gehen wolle.

Und wieder erklärte ich ihm, dass ich nicht vor dem 63. oder 64. Lebensjahr in Pension gehen würde.

„Schau trotzdem mal auf die Homepage der Pensionskasse. Vielleicht gibt es ja doch eine Lösung für dich, mit der du früher in Pension gehen kannst."

Was ist los? Schon wieder dieselbe Frage! Ich hatte mich schon längst bei der Pensionskasse schlaugemacht.

Ab jetzt wurde ich etwas aufmerksamer. Der erste Verdacht fing an in mir zu keimen. Konnte es wirklich sein, dass mich der Chef rausekeln wollte? Nach langem Überlegen ging ich ein paar Tage später zum Chef und erklärte ihm, dass ich sein Verhalten mir gegenüber als Mobbing empfand. „Nein, das ist bestimmt nicht so. Du bist zu empfindlich", erklärte er mir lapidar und zog das mit seiner Mimik und Gestik ins Lächerliche. Und er grinste mich auch etwas süffisant an.

Aber siehe da, sein Verhalten änderte sich. Er behandelte mich wieder ganz normal. So wie man einen Mitarbeiter eben behandelt.

Zu früh gefreut, Guido.

Es hielt nur die nächsten zwei, drei Wochen an.

Und wieder wurde ich gefragt, ob ich nicht doch vielleicht meine Frühpensionierung planen wolle. Diesmal hatte der Chef aber Kollege 1 vorgeschickt. Der stritt natürlich ab, dass er im Auftrag vom Chef fragte.

Jetzt machte ich mir wirklich Sorgen! Ich war mir jetzt sicher, dass mich der Chef loswerden wollte. Mein Gefühl hatte mich nicht getäuscht.

Die Attacken der vergangenen Monate waren keine Falschinterpretation von mir. Jetzt gab es für mich keinen Zweifel mehr: Ich hatte nicht überempfindlich auf Banalitäten reagiert. Der Chef wollte mich tatsächlich loswerden! – Aber warum?

Darüber konnte ich nur Vermutungen anstellen.

Was machte ich falsch? Oder, richtig formuliert, was machte ich nicht so, wie es sich der Chef vorstellte?

Als Erstes kam mir der Verdacht, dass er mich loswerden wollte, weil ich mich in letzter Zeit doch in Richtung „weniger zuverlässig, nervös, vergesslich" verändert hatte. Nachdem ich diesen Verdacht mit meiner Frau durchdiskutiert hatte, kam ich dann aber zu der Überzeugung, dass dies nicht der Grund sein konnte. Denn dieses Verhalten von mir war nur die logische Reaktion auf die Attacken vom Chef.

Als Zweites kam in Betracht, dass ich nicht zu allem „Ja und Amen" sagte. Ich meldete auch schon mal meine Zweifel über Sinn oder Unsinn von Anordnungen an. Das passte natürlich überhaupt nicht zu den Vorstellungen von Unterwürfigkeit, wie es der Chef gerne hatte. Denn Chef hat ja immer recht! Er ist schließlich der Chef! Das wusste ich da schon. Er demonstrierte uns täglich, wie er es haben wollte. Ohne Wenn und Aber. Also dachte ich mir, komme ich ihm etwas entgegen. Ich baute ganz bewusst etwas von meiner Selbstständigkeit ab. Ich habe zum Beispiel Arbeiten, welche keine Eile hatten, liegen gelassen, bis mir der Chef auftrug, was ich damit tun sollte. Und bis wann. Dadurch konnte er dann wieder etwas mehr seine Macht demonstrieren und sein Ego pflegen.

*Was mir damals nicht bewusst war, ist, dass der Chef ein Egomane und Narzisst, ohne auch nur den kleinsten Anteil von Empathie, ist. Heute, nach all den Erlebnissen mit ihm, weiß ich dies leider nur zu gut.*

Das Dritte, das ich mir vorstellen konnte, war, dass die Aufgabe, für die mich der Chef angeworben hatte, erledigt war und er nun einen Mitarbeiter einstellen wollte, welcher die jetzt etwas anders gelagerten Aufgaben besser erfüllen konnte als ich.

Nur konnte ich aber mit dem besten Willen nicht begreifen, warum der Chef sein Problem nicht einfach ehrlich angesprochen und mit mir zusammen eine faire Lösung gesucht und entwickelt hatte.

## Tipp für Opfer:

Vertrauen Sie Ihren Gefühlen. Und führen Sie ein Arbeitstagebuch! Versuchen Sie Ihren Täter dazu zu bewegen, dass er Ihnen ehrlich das Problem, das er mit Ihnen hat, darstellt.

## Tipp für Täter:

Reden Sie mit Ihrem Opfer! Sprechen Sie die Problematik an. Ihre Angestellten sind keine Idioten und werden Sie schon richtig verstehen. Aber Sie müssen fair und sachlich sein. Entwickeln Sie gemeinsam eine möglichst für beide Seiten akzeptable Lösung. Es gibt für solche Fälle genügend Ombudsstellen. Es muss nicht zu einem Krieg ausarten. Aber dies ist natürlich umso schwerer, wenn Ihnen nur die Nase Ihres Opfers nicht gefällt …

*[... Welche Ihrer Mitarbeiter hätten Sie schon lange entlassen, wenn man sie per Knopfdruck aus der Welt schaffen könnte, statt mit einem mühsamen Kündigungsgespräch? ...]*
Aus: „Fragen an das Leben" – Rolf Dobelli, 2014

Wieder suchte ich das Gespräch mit dem Chef und wies ihn unmissverständlich darauf hin, dass er diese Mobbing-Angriffe unterlassen solle. Ansonsten würde ich ihn bei einer anderen Instanz melden. Und wieder beschwichtigte der Chef: „Nein, nein, Guido. Da ist nichts."
Und einmal mehr war ich erfolgreich. – Dachte ich aber nur!

Der Chef ließ zwar die „Angriffe" auf mich bleiben, jedoch hatte er sich damals wohl eine andere Strategie ausgedacht.

Diese Strategie war wahrscheinlich: „Ganz langsam, Schritt für Schritt – dann krieg ich ihn." So oder so ähnlich.

Ich in meiner grenzenlosen Naivität und meinem Optimismus glaubte aber tatsächlich, dass der Chef sein Fehlverhalten eingesehen hätte und mich weiter einfach meine Arbeit machen ließ.

Weit gefehlt! Aber ich hatte, so meinte ich, dann doch noch Glück. Der Chef wurde zusätzlich, interimsmäßig bis Ende des Jahres, als Chef für eine andere Abteilung gebraucht. Und so war er in dieser Zeit nur sporadisch, ein- bis zweimal pro Woche, bei uns in der Abteilung.

# September bis Dezember 2014 – Vorbereitung

Jetzt folgte eine „entspannte" Zeit. Aber nicht nur für mich. Die gesamte Belegschaft atmete auf.

Der Druck der permanent vorherrschte, wenn Chef da war, war weg. Die Arbeit und der gegenseitige Umgang wurden schlagartig leichter. Bei allen Kollegen und Mitarbeitern war ein entspanntes und freundlicheres Auftreten spürbar. Die Hektik war wie weggeblasen.

Und trotz der Abwesenheit vom Chef, und ohne dass er ständig überall seine Finger im Spiel hatte, wurden sämtliche Arbeiten erledigt wie immer.

In meinem Fall kann ich sagen, dass es sogar besser lief. Die anfallenden Arbeiten waren schneller und effizienter erledigt. Die, nach meiner Meinung, meist überflüssigen und oft unsinnigen Besprechungen, Meetings, Sitzungen und Aufträge fielen fast komplett weg. Der Stellvertreter vom Chef, Kollege 1, beschränkte sich auf das Wesentliche und gab auch nicht diese häufigen und unsinnigen Aufträge an uns weiter.

Mit anderen Worten: Es lief! Und ich erholte mich zusehends.

Gegen Ende der Interimszeit vom Chef sagte Kollege 1 zu mir: „Man muss dich nur machen lassen, dann klappt alles tadellos!" Damit hatte er mir (unbewusst?) das Fehlverhalten vom Chef bestätigt.

Während diesen etwa drei Monaten hatte ich natürlich trotzdem einige Zusammentreffen mit dem Chef. Bei diesen Treffen kam dann auch das Gesprächsthema meiner Zurückstufung auf …

Der Chef wollte, wie schon erwähnt, Mitarbeiter 1 „fit machen" für meine Nachfolge. Dazu brauchte dieser zwingend die dazu erforderlichen Ausbildungen. Nun war es aber so, dass unser Arbeitgeber keine Aus- und Weiterbildung unterstützte, wenn keine direkte Notwendigkeit bestand. Folglich musste Mitarbeiter 1 entweder warten mit seiner Weiterbildung, oder die Notwendigkeit für diese Schulungen musste jetzt für ihn geschaffen werden.

Dem Chef ging es aber, wie wir wissen, nicht um die Aus- und Weiterbildung von Mitarbeiter 1. Er wollte lediglich sicherstellen, dass dieser sich nicht nach einer anderen Arbeit umsah. Denn die Bezahlung für gute Fachleute war eher unterdurchschnittlich bei uns. – Und er hatte ja seine finanziellen Verpflichtungen …

Der Chef konnte nichts dafür, dass kein Budget für eine „präventive Ausbildung" zur Verfügung gestellt wurde. Und dass der Chef dafür sorgen wollte, dass uns gute Mitarbeiter erhalten blieben, konnte ich absolut verstehen. Es ging mir genauso. Aber war dies der richtige Weg? Und warum sollte denn der Arbeitgeber für die Ausbildung zuständig sein? Ich hatte meine Aus- und Weiterbildungen auch selber finanziert – trotz (oder gerade wegen) der Kinder, Scheidungen und Alimente.

Es stellte sich auch die Frage, wie ein so weiter ausgebildeter Mitarbeiter dann eingesetzt werden würde. Er verdiente zwar mehr, aber da unser Arbeitgeber entsprechend eher tiefe Löhne zahlte, würde dieser Mitarbeiter bei vielen externen Firmen problemlos besser bezahlt werden.

Ich wünsche meinem Arbeitgeber (nicht nur dem Chef), dass ihm dieser Mitarbeiter nach dessen Ausbildung und Praxiserfahrung erhalten bleibt.

Nun hatte ich mich in der Vergangenheit auch einige Male kritisch über die meiner Meinung nach doch eher unsinnige neuzeitliche Art der Personalführung und Personalbeurteilung geäußert. Und ich machte auch kein Geheimnis daraus, dass ich diese sogenannten Mitarbeiter-Beurteilungen oder Reflxionsgespräche, oder wie auch immer diese gerade bezeichnet werden, nur äußerst widerwillig durchführte. Aber wenn auch widerwillig, so doch richtig. Denn, wenn diese Beurteilungen nicht richtig gemacht wurden, würde man damit den Mitarbeitern für deren berufliche Zukunft unter Umständen große Probleme bereiten. Wir Vorgesetzte tragen schließlich Verantwortung gegenüber unseren Mitarbeitern!

Und genau da packte mich Chef: „Du machst doch die Personalführung nicht gerne, Guido. Ich gebe dir die Möglichkeit, dich zu entlasten. Wenn du dich zurückstufen lässt, hast du nichts mehr mit der Personalführung zu tun. Mitarbeiter 1 übernimmt die Führung der Werkstatt, und du kannst dann seine Stellvertretung übernehmen. Natürlich bei gleichbleibendem Lohn! Überlege es dir doch einmal."

Der aufmerksame Leser hat sicher gemerkt, dass der Chef mir unterstellte, ich würde die Personalführung nicht gerne machen. Richtig war aber, dass ich die Personalführung, *so wie sie heute meistens gefordert wird,* nicht gerne machte. Ich halte nichts von „Druck ausüben" gegenüber den Mitarbeitern. Der gute Chef motiviert seine Mitarbeiter, ohne dass er sie dazu mit (versteckten) Drohungen und Angstmacherei unter Druck setzen muss.

Sie werden lachen, werte Leser, aber Angestellte, die ihre Arbeit gerne machen, sind sehr verlässlich und auch für ihren Vorgesetzten da, wenn mal „Not am Mann" ist.

Im Gegensatz haben die unter Druck gesetzten Mitarbeiter bei „Not am Mann" meist irgendeinen Termin, welcher unmöglich verschoben werden kann. Sie machen nur „Dienst nach Vorschrift", und dies auch nur, wenn sie unter Beobachtung stehen.

Ich äußerte mich auch einige Male kritisch über die Umweltpolitik unseres Arbeitgebers und vom Chef. Und da ich nicht wie der Chef (und viele andere) einfach alles hinnehme und kritiklos umsetze, um mich in ein gutes Licht zu stellen, sondern mir durchaus auch meine eigenen Gedanken über Sinn und Unsinn von Vorgaben und Behauptungen mache, machte ich mich mit meinen Kritiken nicht unbedingt beliebt beim Chef.

Das war mir auch durchaus bewusst. Aber wenn man nicht, ohne bestraft zu werden, konstruktiv Kritik ausüben darf, um falsche oder falsch empfundene Zustände zu diskutieren, oder möglicherweise zu verbessern, ja was dann?

## Tipp für Opfer:

*[... Kollektiver Druck ist oft gewaltig. Es erfordert starkes Selbstbewusstsein und Mut, Meinungen zu äussern, die der herrschenden Auffassung widersprechen ...]*
Aus: „Kann mir bitte jemand das Wasser reichen?" – Ari Turunen, 2010

## Tipp für Täter:

*[... Einem guten Vorgesetzten kann man sagen, was er hören muss. Einem schlechten muss man hingegen sagen, was er hören will ...]*
Stephan Siegfried, 2015

*[... In jeder Organisation wird heute die Wichtigkeit von Kooperation und Teamwork betont. Ganz gleich, wie genial jemand sein mag, er bringt nichts zuwege, wenn er nicht fähig ist, die Meinung anderer zu berücksichtigen ...]*
Aus: „Kann mir bitte jemand das Wasser reichen?" – Ari Turunen, 2010

*[... Wie stellen Sie sicher, dass Untergebene, die besser sind als Sie, Ihre Position nicht gefährden? ...]*
Aus: „Fragen an das Leben" – Rolf Dobelli, 2014

# Freitag, 12. Dezember 2014 –
# Der Druck steigt

Schon wieder!

Der Chef erklärte mir, dass es doch Überbrückungsleistungen gebe, welche eine vorzeitige Pensionierung ermöglichten. Ich solle es mir doch noch einmal überlegen.

Und, er habe gerade wieder von zweien gehört, welche kurz nach ihrem Eintritt in die Pension verstorben seien!

Jetzt hatte ich wenigstens etwas, worüber ich mir über das anstehende Wochenende Gedanken machen konnte …

Unglaublich! Meine Übersetzung war: „Lass dich möglichst schnell pensionieren, und genieße die kurze Zeit, die du noch leben darfst!"

Oder anders ausgedrückt: „Hau endlich ab, Guido!"

Übrigens war der Chef, in seiner alten Anstellung, als Funktionär der Pensionskasse tätig gewesen. Und er weiß daher auch ganz genau, dass die erwähnten Überbrückungszuschüsse nur an Mitarbeiter ausgezahlt werden, welche seit mindestens acht Jahren ununterbrochen dieser Kasse angehören.

Jetzt fing ich an, mich extrem unwohl zu fühlen. Ich hatte noch mehr Angst, irgendwelche Fehler zu machen. Die Schlafstörungen wurden fast täglich schlimmer. Ich nahm wieder an Gewicht zu.

# Mittwoch, 17. Dezember 2014 – lustlos

Der Chef bittet mich zur Jahresbeurteilung. Ich war nicht wirklich damit einverstanden. Aber da meine Rückstufung bereits Thema war, verlangte ich keine neue Beurteilung. Ich hatte auch keine Lust mehr, mich zur Wehr zu setzen. Ich freute mich sogar auf meine Zurückstufung. Trotzdem korrigierte ich aber einige Begründungen in dieser Beurteilung, welche dann vom Chef kommentarlos akzeptiert wurden …

## Tipp für Opfer:

Es lohnt sich nicht, klein beizugeben! Verlangen Sie unbedingt, dass Sie fair beurteilt werden. Ihr Arbeitgeber wird immer auf diese Qualifikationen zurückgreifen, wenn „etwas schiefläuft". Und seien Sie nicht zimperlich, wenn Sie Ihren Vorgesetzten beurteilen müssen. Bleiben Sie aber unbedingt bei der Wahrheit, auch wenn Sie damit riskieren, dass Ihr Chef Sie dann vielleicht nicht mehr so lieb hat und Ihre Bewertung tendenziell eher ab- als aufrundet. Je mehr Mitarbeiter ihre Beurteilung über ihren Vorgesetzten wahrheitsgetreu abgeben, desto eher wird sich dieser in der Zukunft mehr Mühe geben, ein anständiger Vorgesetzter zu sein. Nur ein unfähiger Chef kann mit wohlgemeinter, konstruktiver und ehrlicher Kritik nicht umgehen. Und ein Egomane wird darin sogar einen Angriff auf seine Persönlichkeit sehen. Wenn dieser „Angriff" jedoch von mehreren Seiten kommt, muss er etwas tun, um wieder „gut dazustehen". – Und er wird!

Geben Sie aber durchaus, wenn angebracht, auch positive Bewertungen ab!

## Tipp für Täter:

Nehmen Sie sich nicht zu wichtig. Sie sind es nicht!
Seien Sie anständig und fair.

*[… Die Ergebnisse zeigen, dass ein Mensch, der Macht erlangt, die Taten anderer strenger beurteilt als seine eigenen. Menschen mit Macht fühlen sich berechtigt, die Regeln zu brechen, weil sie wissen, dass sie sich alles erlauben können. Dieses „Gefühl der Berechtigung" ist wesentlich, wenn man verstehen will, warum Menschen in hohen Positionen sich schlecht benehmen …]*
Aus: „Kann mir bitte jemand das Wasser reichen?" – Ari Turunen, 2010

# Januar bis März 2015 –
# außen vor, aber schuldig

Währen dieser drei Monate ging es einigermaßen anständig zu. Der Chef attackierte mich kaum noch. Im Gegenteil, er ließ mich eher „links liegen". Zwei Vorfälle aus dieser Zeit sind mir aber doch noch sehr präsent:

Auf Anweisung vom Chef bearbeitete ich ein paar Maschinen, welche zur Kontrolle und Reparatur in die Werkstatt geliefert wurden, nicht. „Guido, lass diese Maschinen hier liegen. Ich muss noch einiges abklären und sage dir dann, was wir damit machen."

Mitarbeiter 2, welcher bei dieser Anordnung vom Chef auch mit anwesend war, fragte mich zwischendurch immer wieder mal, was denn nun mit diesen Maschinen passiere. „Wir müssen warten. Ich habe auch schon zweimal nachgefragt. Der Chef muss das noch abklären. Er hat gesagt, er gibt dann Bescheid."

Dann, die Werkstatt war voll mit Arbeit und anwesender Kundschaft, kam der Chef und schrie mich an: „Warum sind diese Maschinen noch nicht fertig? Sofort erledigen! Die brauchen sie für ihre Arbeit! Noch diese Woche!"

Mitarbeiter 2 und ich schauten uns nur an und schüttelten den Kopf.

Ich glaube heute, dass der Chef diese Situation ganz bewusst für seine „Reklamation" benutzte. Er wollte mich bei der Kundschaft und bei meinem Mitarbeiter unmöglich machen. Nur hatte er wohl vergessen, dass Mitarbeiter 2 auch schon mit dabei war, als er mich anwies, mit der Reparatur zu warten.

## Tipp für Opfer:

Seien Sie in einer solchen Situation nicht zurückhaltend. Ich habe aus Anstand damals nicht vor der Kundschaft interveniert. Dieses Verhalten war ein Fehler! Sie dürfen ruhig auch in Anwesenheit von Drittpersonen Ihre Meinung kundtun. So haben Sie dann auch Zeugen, wenn es drauf ankommt – aber seien Sie anständig, und bleiben Sie bei der Wahrheit! Und führen Sie ein Arbeitstagebuch!

## Tipp für Täter:

Intrigieren ist nicht einfach. Sie brauchen für Erfolg ein ausgezeichnetes Gedächtnis. Warum schäme ich mich so für Sie?

Ein anderes Mal schrie der Chef in seinem Büro lauthals in sein Telefon. Mit anwesend waren seine Sekretärin, eine Aushilfsbürokraft, ein paar Kunden und ich.

„… nein, nicht drei Monate, sondern fast ein Jahr hat das gedauert, bis Guido dieses Gerät endlich repariert an euch zurückgegeben hat …"

Richtig aber war, dass es sechs Wochen gedauert hatte. Aber im Verlauf des vorangegangenen Jahres war besagtes Gerät fünfmal mit demselben Fehler zu mir in die Werkstatt geliefert worden. Jedes Mal war die Ursache für die Fehlfunktion die gleiche falsche Handhabung dieses Gerätes. Und jedes Mal hatte ich den Benutzern die richtige Handhabung erklärt.

Diese Geräte werden jetzt (2016) wegen genau dieses Problems der eher schwierigen Handhabung außer Betrieb genommen oder umgebaut.

Auch hier bin ich heute sicher, dass der Chef diese Situation ganz bewusst dazu benutzt hatte, mich einmal mehr bei der Kundschaft und bei den Mitarbeitern unmöglich zu machen.

Und, ein fähiger Chef schwärzt seine Mitarbeiter nicht bei der Kundschaft an!

# Montag, 30. März bis Mitte April 2015 – Ruhe

Ich erklärte mich einverstanden, mich per 01. Januar 2016 zurückstufen zu lassen und die Leitung der Werkstatt an meinen Nachfolger, Mitarbeiter 1, zu übergeben. Ich selber würde in der Funktion als Mechaniker mit Spezialaufgaben und Stellvertreter des Werkstattchefs weiterarbeiten.

Dies machte ich in der Überzeugung (oder Hoffnung?), dass die Schikanen gegen mich dann endlich ganz aufhören würden. Und tatsächlich war der Chef im Anschluss an mein Einverständnis zur Zurückstufung wieder ganz freundlich zu mir. Keine Attacken mehr. Keine grundlosen Reklamationen. Keine Schikanen. – Endlich!

Und ich machte dies, obwohl ursprünglich vereinbart war, dass ich bis zu meiner Pensionierung in dieser Position bleiben konnte. Und obgleich ich eine Lohnreduktion von 1,7 Prozent akzeptieren musste – entgegen anderen Vereinbarungen ...

Und einmal mehr hielt der Chef sein Wort nicht.

*„Mein Chef geht mit uns Angestellten wirklich sehr sensibel um."*
*„Du Glücklicher. Wie das?"*
*„Er behandelt uns wie rohe Eier. – Er haut uns in die Pfanne!"*
Quelle unbekannt

Danach konnte ich immerhin etwa zwei Wochen Ruhe genießen.

Was soll ich dazu sagen? Ich glaubte ehrlich, dass der Chef endlich zufrieden war mit der Situation, hatte er doch erreicht, was er wollte. Oder doch nicht?

Mein Nachfolger sollte ab Januar 2016 die Leitung der Werkstatt übernehmen. Und mit ihm hatte der Chef einen jungen, bestens fachkundigen und noch formbaren Mann in seinem Team. Mit ihm wird der Chef keine „Probleme" haben. Der macht kommentarlos, was von ihm verlangt wird, und er wird nichts hinterfragen.

Mein Nachfolger ist keine Gefahr für das ausgeprägte Ego vom Chef.

# Mitte April bis Mitte Juli 2015 – drei Monate des Horrors

Ich wurde wieder schikaniert. „Warum dies?" „Warum das nicht?" „Das habe ich doch gesagt!"

Es fing wieder ganz langsam an, und wurde dann immer häufiger.

Es ging auch wieder weiter mit den Informationen, welche mir vorenthalten wurden, die aber wichtig gewesen wären, da sie meine Zuständigkeitsbereiche betrafen.

Ich wurde auch immer mehr ignoriert und isoliert. Ich fühlte mich auf dem Abstellgleis. Und nicht nur der Chef gab mir dieses Gefühl. Auch Kollege 1 und andere Mitarbeiter mieden mich immer mehr.

Wenn aber etwas danebenging, sollte ich dann doch über alles Bescheid wissen.

Ich weiß, das hört sich jetzt so an wie: „Na, da stimmt ja doch etwas nicht mit dem Ehrenmann." Aber es war ja so, dass meine Mitarbeiter und Kollegen fast immer nur „mein Versagen" mitbekommen haben. Denn der Chef achtete schon sehr darauf, dass seine Bosheiten gegen mich niemand mitbekam. Doch bei den Reklamationen und Zurechtweisungen achtete er dann ebenso sehr darauf, dass möglichst viele dies hörten und sahen. Somit „wussten" meine Mitarbeiter nur die Hälfte – und zwar die Hälfte, die mir geschadet hat.

Doch ein paar Mitarbeiter bemerkten trotzdem, was da wirklich vor sich ging. Und die haben auch zu mir gehalten – allerdings nur so lange, wie sie keine Angst haben mussten, selber zu einem Opfer zu werden.

Und auch die Kunden, fast ausnahmslos alle, waren mir wohlgesonnen. Sie lobten auch den guten Service, die Arbeiten und die Zuverlässigkeit „meiner" Werkstatt.

Trotzdem wurden mir vom Chef angebliche Reklamationen von Kunden vorgehalten: „*Jemand* hat bei mir reklamiert, dass die und die Reparatur von deiner Werkstatt nicht richtig ausgeführt wurde!"

Interessant war aber, dass sich die Kundschaft selbst nie bei mir beschwert hatte.

Ein guter Chef nimmt solche Kundenbeschwerden sehr wohl zur Kenntnis, verweist aber an den zuständigen Verantwortlichen. Das hat der Chef aber nie getan.

Ich bekam jetzt auch wieder extrem Probleme mit meinen Nerven. Ich konnte kaum noch länger als ein, zwei Stunden am Stück schlafen. Ich erwachte dann immer schweißgebadet und zitternd aus einem sehr unruhigen Schlaf. Ich wurde wieder extrem unsicher bei der Arbeit und ich hatte dauernd Hunger, mit dem entsprechenden Resultat einer schnellen Gewichtszunahme.

Auch fing ich an, meine Kollegen und Mitarbeiter zu beobachten, ob diese vielleicht den Chef bei seinen Aktionen unterstützten. Aber ich konnte nichts in dieser Richtung feststellen. Nur eine gewisse Reserviertheit von einigen mir gegenüber war doch gut spürbar.

Liebe Leser, Sie müssen auch wissen, dass der Chef ein ausgezeichneter Manipulator ist. Er hat eine ganz spezielle Art, sein Umfeld für sich einzunehmen – wenn er will. Es gibt nur Wenige, die dann nicht von ihm geblendet sind. Ich selber hatte ja auch lange Zeit eine falsche Meinung von ihm. Leider.

## Tipp für Opfer:

Machen Sie sich keine falschen Hoffnungen. Mit etwas Glück steht vielleicht einer von zehn Mitarbeitern zu Ihnen, und vielleicht noch einer, der versucht, Sie zu verstehen. Seien Sie sich bewusst, dass ausnahmslos alle Angst haben vor Komplikationen am Arbeitsplatz und vor Jobverlust. Und jeder ist sich ja bekanntlich selbst der Nächste! Das ist nur zu verständlich.

## Tipp für Täter:

Und Sie wissen das nur zu gut und nutzen es schamlos aus.

Ich fing auch an, in allen Räumlichkeiten der ganzen Firma planlos rumzulaufen. Irgendwie wollte ich feststellen, was wieder gegen mich ausgeheckt wurde. Ich habe das wohl wochenlang so gemacht. Da musste ich dann auch Aussagen hören wie zum Beispiel: „Hast du nichts zu tun, Guido?" Nun, wer kann es ihnen verdenken? Wenn ich jemanden beobachten würde, wie er alle ein, zwei Stunden durch die Büros läuft und so tut, als suche er etwas, würde ich ihn dasselbe fragen.

Ich fing zu jener Zeit auch an, mich über Mobbing zu informieren. Was genau ist Mobbing überhaupt? Gibt es Möglichkeiten, sich Hilfe zu holen? Was sagt der Gesetzgeber? Was könnte ich tun?

*Ich fand Bücher über Mobbing und Adressen von sogenannten Mobbingberatungsstellen. Aber wirklich Hilfreiches konnte ich nirgends finden.*

*Keinen einzigen ernst zu nehmenden Tipp, wie man sich aus einer Mobbingsituation wirkungsvoll befreien könnte. Oder was noch besser wäre: Wie soll man es anstellen, damit man erst gar nicht in eine Mobbingsituation gerät?*

*Ich habe zwar Verordnungen und interne Weisungen von verschiedenen Unternehmen gefunden, welche regulieren, wie nach einer Mobbing-Meldung vorgegangen werden sollte. Alle sind sie sich einig, dass nach Bekanntwerden eines Mobbingfalles das Problem so schnell wie möglich untersucht und abgeschlossen werden sollte.*

*Im Unternehmen „Kanton Zürich" gilt zum Beispiel die Regel, dass für so einen Fall maximal vier Wochen bis zur abschließenden Erledigung verstreichen dürfen. Bei Volkswagen in Deutschland sind dafür gar maximal ein bis zwei Wochen erlaubt.*

*Nur, was nützen diese Weisungen, wenn nicht danach gehandelt wird, oder die Angestellten so verängstigt sind, dass sie erlebtes Mobbing gar nicht erst melden, sondern den Attacken nachgeben und sich lieber nach einer anderen Anstellung umsehen – und somit dem Mobbing nachgeben?*

Etwa Mitte Mai suchte ich dann nochmals das Gespräch mit dem Chef und verlangte, dass er diese Schikanen doch bitte, bitte endlich unterlassen solle. Ansonsten würde ich ihn melden.

Da er es dann trotzdem nicht gelassen hatte, griff ich etwa eine Woche später bei einer unserer Werkstattsitzungen das Thema nochmals auf und sagte ihm zum wiederholten Mal, dass ich sein Verhalten melden würde.

## Tipp für Opfer:

Drohen Sie nicht, so wie ich, immer wieder! Einmal genügt vollkommen. Wenn Ihr Täter daraufhin die Schikanen nicht unterlässt, handeln Sie! Unbedingt! Sonst nimmt er Sie nicht mehr ernst. Und er erlaubt sich immer mehr. Und er wird Sie zerstören, so wie mein Täter mich zerstört hat.

## Tipp für Täter:

Fühlen Sie sich gut? Herrliches Gefühl, nicht wahr? Sie sind der Beste! Aber seien Sie ehrlich: Es geht Ihnen doch nicht wirklich besser! Aber Ihrem Opfer geht es schlechter!

Sein Kommentar dazu war: „Wenn du mich hier raushaben willst, wird dir das ganz sicher nicht gelingen. Dazu habe ich zu viele Bekannte in der Geschäftsleitung. Und ich bin dort beliebt!"

„Im Gegensatz zu dir", antwortete ich ihm, „will ich dich hier nicht raushaben. Ich will nur, dass du mich endlich in Ruhe meine Arbeit machen lässt! Ich habe dir doch nichts getan! Ich habe doch eingewilligt, mich ganz so wie du es gewünscht hast, zurückstufen zu lassen. Nun lass es doch endlich gut sein. Bitte!" Seine einzige Reaktion war sein süffisantes Grinsen.

Ich sagte ihm bei dieser Gelegenheit auch, dass ich mich mit ihm nicht mehr ohne anwesende Zeugen unterhalten werde.

Es folgten weiterhin ungezählte Vorwürfe und Anschuldigungen meine Personn betreffend.

Einmal kam das Gerücht auf, ich hätte von einem Produkt behauptet, dass es schlecht sei.

Tatsache ist aber, dass ich zum Chef gesagt hatte, dass sich in Sachen Verfügbarkeit der Ersatzteile dieses Produktes noch nichts verbessert habe. Es sei immer noch gleich schlecht wie vor vier Jahren. Und wenn wir keine Ersatzteile erhalten zur Reparatur, seien die betroffenen Maschinen und Geräte nicht verfügbar.

Die Ersatzteile waren schlecht lieferbar – nicht das Produkt war schlecht.

# 18. Mai 2015 –
# erfolgreiche Gegenwehr zum Ersten

Ein andermal hatte ich Unregelmäßigkeiten eines Lieferanten (mit welchem der Chef einige Monate zuvor die Geschäftsbeziehungen verhandelt hatte) in der Rechnungstellung bemerkt. Dies war nicht das erste Mal bei diesem Lieferanten. Ich hatte schon mehrmals Rechnungen direkt bei ihm reklamiert. Aber leider wurde es nicht besser. Dies meldete ich danach bei der wöchentlichen Teamsitzung dem Chef.

Ich erklärte ihm in der Folge vier Rechnungen, in denen diese Unregelmäßigkeiten auftraten. „Bring mir diese Rechnungen her. Ich kümmere mich darum."

Zehn Tage später fragte ich den Chef, ob ich neue Rechnungen erwarten oder ob ich diese Angelegenheit bei mir streichen könne. Da machte er mir den Vorwurf, dass er von einem Vorarbeiter erwarte, dass dieser so etwas selbstständig erledige …

Aber er hatte doch von mir die fehlerhaften Rechnungen zur Abklärung verlangt. Und zwar unter Zeugen.

Ich kontrollierte Rechnungen auf deren Richtigkeit (Verhältnis der ausgeführten Arbeiten zum verrechneten Arbeitsaufwand). Ob vereinbarte Tarife, Stunden- und Rabattsätze richtig angewendet wurden, konnte ich nicht kontrollieren, da diese mir ja nicht bekannt waren und im aktuellen Fall auf jeder Rechnung andere Werte verwendet wurden.

Dies erläuterte ich ihm dann auch so. Und zwar ebenfalls in Anwesenheit von Zeugen. Danach bequemte er sich dann doch, seinen Verhandlungspartner zu kontaktieren.

## 29. Mai 2015 – erfolgreiche Gegenwehr zum Zweiten

Wir hatten seit Jahren technische Probleme mit einem Produkt. Der erste Importeur und Vertreter hatte uns nicht geholfen, diese Probleme zu lösen. Dann wechselte der Importeur, und der Chef hatte diesen beauftragt, sich dieser Problematik anzunehmen. Monate später waren die Probleme immer noch nicht behoben. Auf meine Anfrage hin sagte der Chef zu mir: „Du musst halt endlich mal eine genaue Liste der Probleme an den Importeur senden!"
„Ich habe schon viermal diese Aufstellung an drei verschiedene Adressen beim Importeur gesandt. Dies kann von diesen Ansprechpersonen sicher bestätigt werden." Und siehe da, auch hier hatte der Chef dann endlich seinen Job erledigt.
Dies war mir nur möglich, weil ich angefangen hatte, möglichst viel zu protokollieren. So war ich in der Lage, mit Fakten zu argumentieren. Und auch die jeweilige Anwesenheit von Zeugen war sehr hilfreich.

## Tipp für Opfer:

Führen Sie ein Arbeitstagebuch. Sorgen Sie dafür, dass Sie nie mit Ihrem Täter ohne anwesende Zeugen reden.

## Tipp für Täter:

Ich weiß, dass Sie noch ganz andere Gemeinheiten auf Lager haben. Und jetzt weiß ich auch, warum ich mich so für Sie schäme!

Die nächste Zeit war trotz der beiden kleinen Siege meinerseits für mich unsäglich mühsam. Ich wurde noch unsicherer. Sogar wenn ich nach etwas gefragt wurde, was direkt mit meinem erlernten Beruf zu tun hatte, kam ich ins Stottern, gab unzusammenhängende Antworten und brach in Schweiß aus. In meinen Fachgebieten war ich bisher noch nie unsicher gewesen! Dies hatte natürlich zur Folge, dass sich auch meine Kollegen und Mitarbeiter so ihre Gedanken über mich machten. – Denn der Chef war natürlich souverän. Die Freundlichkeit in Person ... Und ich wurde noch unsicherer ...

Derselbe Teufelskreis wie schon früher beschrieben.

Es ging mir unsäglich schlecht. Manchmal weinte ich sogar. Ich, ein gestandener sechzigjähriger Mann mit ziemlich großer Lebens- und Berufserfahrung, war nicht in der Lage, mich aus dieser Mobbingfalle zu befreien. Stattdessen weinte ich! Ich hatte unglaubliche Selbstzweifel.

Aber Gott sei Dank habe ich eine wunderbare Frau, die voll und ganz zu mir steht. Ohne ihre wertvolle Unterstützung hätte ich aufgegeben – und ich wäre heute arbeitslos!

## Tipp für Opfer:

Sorgen Sie unbedingt rechtzeitig dafür, dass Sie eine Vertrauensperson haben, mit welcher Sie über alles reden können – und auf deren Unterstützung Sie zu hundert Prozent zählen dürfen.

## Tipp 1 für Täter:

Sie haben nicht die geringste Ahnung, was Sie uns antun und was Sie alles zerstören. Sie sind unglaublich dumm, primitiv und gefühllos! (Obschon Sie von sich selber meinen, der Größte und Beste zu sein) Kein einigermaßen normaler Mensch kann verstehen, was Sie mit Ihrem Tun bezwecken. Höchstens studierte Psychologen finden vielleicht eine Erklärung für Ihr Tun. – Aber damit, liebe Täter, können Sie dieses Tun in keiner Weise entschuldigen.

## Tipp 2 für Täter:

Ich weiß, dass Sie Freude und Lust empfinden an dem, was Sie uns antun. Eine Beratung oder Therapie könnte Sie vielleicht von diesen perversen Empfindungen befreien.
    Bitte, versuchen Sie es!

# Dienstag, 14. Juli 2015 – Machtdemonstration

Was an diesem Tag passierte, zeigt ziemlich gut, was für ein „Mensch" der Chef ist, und mit welchen Mitteln er seine Machtposition als Chef seiner gesamten Umgebung unmissverständlich klarzumachen versuchte.

Um 14:53 Uhr erhielt ich vom Chef zweimal kurz hintereinander folgende Kurznachricht (buchstabengetreu) auf mein privates Handy zugestellt:

*Test Geräte während Sitzung!! – Test Geräte während Sitzung!!*

Gelesen habe ich diese Meldung erst etwa eine Stunde später während der Kaffeepause, da ich während der Arbeitszeit nicht mit meinem privaten Handy arbeite. Der Chef weiß das, denn er hat mir ja das sogenannte Werkstatthandy für meine Arbeit organisiert. Und er ruft mich auch normalerweise auf eben diesem Werkstatthandy an …

Ich bekomme sofort Herzrasen und Schweißausbrüche. Was habe ich vergessen? Ich muss ein Gerät testen? Mit Kunden? Mit Lieferanten? Aber wann hat er mir das in Auftrag gegeben? Ich konnte mich nicht erinnern.

Doch dann fiel es mir wie Schuppen von den Augen.

Der Chef hatte einige Zeit vorher beschlossen, dass er seine Sitzungen und Besprechungen mit Kunden und Lieferanten neuerdings im Freien, unter dem Vordach einer angrenzenden Baracke, direkt neben unserem Warenumschlagplatz, abhalten will. Natürlich aber nur dann, wenn er für sich entschied, dass das Wetter das zuließ respektive forderte. Aber wann er eine Besprechung draußen abhielt, hat er uns selbstverständlich nicht mitgeteilt. Er ist ja schließlich der Chef.

Wenn er aber eine solche Besprechung im Freien abhielt, wollte er, dass diese nicht gestört wurde. Will heißen: keine laufenden Motoren von Maschinen und Fahrzeugen. Keine lauten Gespräche. Jeglicher Lärm war zu vermeiden! Dies bedeutete, dass wir sämtliche Arbeiten, welche wir normalerweise auf diesem Platz verrichteten, verschieben mussten. Wie wir die Arbeiten dann aber trotzdem fristgerecht erledigten, interessierte den Chef nicht im Geringsten.

Für mich und meine Werkstatt bedeutete es, dass wir auch Kurztests von Geräten in unserem Schallschutz-Container ausführen mussten.

Dies war für meine Mitarbeiter aber mit Mehraufwand verbunden, denn dieser Container stand fast 100 Meter von der Werkstatt entfernt. Also machten sie solche Kurztests meistens direkt neben der Werkstatt im Freien. Und ich tolerierte dies, wenn sie es nicht übertrieben. So auch an diesem 14. Juli. Und der Chef hatte ein Meeting im Freien! Nur wussten wir das nicht. Sehen konnte man es auch nicht, denn das Vordach war nicht direkt einsehbar. Und extra dahinlaufen, um nachzusehen, ob vielleicht …

Dieses Vordach wurde auch von anderen Personen für die Verrichtung von unterschiedlichsten Tätigkeiten genutzt.

Und der Chef hatte selbst durchaus auch Testläufe an Maschinen und Geräten durchgeführt, ohne dass er dazu extra in den Schallschutz-Container gegangen wäre. Und dabei scherte er sich keinen Deut um die „Ruhestörung" anderer Leute. Dies habe ich ihm auch einmal gesagt. „Du machst dich bei den Mitarbeitern unglaubwürdig, wenn du dich selber nicht an deine eigenen Anordnungen hältst."

Nun, begeistert war er nicht von meiner „Dreistigkeit" …

*[… Wenn das Ego zu sehr anschwillt, entsteht Grössenwahn und Schwerhörigkeit. Fehler werden nicht zugegeben, und andere Menschen werden herabgemindert …]*
Aus: „Kann mir bitte jemand das Wasser reichen?" – Ari Turunen, 2010

# Donnerstag, 16. Juli 2015 –
# Es geht noch schlimmer!

Was an diesem Tag passierte, werde ich mein Leben lang nicht vergessen.

Mitarbeiter 2 kam zu mir. „Guido, weißt du, was der Chef heute wieder für ein Gerücht verbreitet? Er war bei Mitarbeiter 3 in der Kellerwerkstatt und hat ihn gefragt, ob er nicht auch den Eindruck habe, dass du in letzter Zeit viel vergisst. Er hat ihm geantwortet, dass er nichts Derartiges festgestellt habe."

So!

Das musste ich erst mal verdauen. Die ganze folgende Woche.

Wie ich schon erwähnte, leidet mein Vater seit Jahren an Demenz. Und diese traurige Tatsache beschäftigt mich sehr – ebenfalls seit Jahren.

Die Leser, welche selber schon entsprechende Erfahrungen machen mussten, wissen, wie dies einen belasten kann. Wie man sich fühlt, wenn der eigene Vater nicht mehr weiß, wer man ist. Wenn ein Mensch, welcher jahrzehntelang einen anspruchsvollen technischen Beruf ausgeübt hat, nicht mal mehr die Uhr lesen oder ein Radio einschalten kann.

Und nun kommt da mein Chef daher und suggeriert mir, dass ich auch – wie mein Vater – an Demenz leide.

Ich habe mit meiner Frau geredet. Habe sie ausgefragt über meine „Vergesslichkeit". Ich habe Freunde, Bekannte und auch Mitarbeiter nach ihren Meinungen gefragt.

Ausnahmslos alle haben mir bestätigt, dass ich vollkommen „normal ticke".

Aber da ist dann noch der innere Schweinehund, der da sagt: „Das ist ja alles schön und recht, aber die haben dich nicht alle bei der Arbeit erlebt! Vielleicht bist du ja doch überfordert. Weißt du noch, als du dies vergessen hast, und das da auch noch? Und erst die Namen, die du dir nicht merken kannst! Ja, vielleicht hat der Chef ja doch recht …"

Meine Selbstzweifel waren enorm. Die Schlaflosigkeit, die Schweißausbrüche, die Hungerattacken.

Und jetzt kamen auch noch Depressionen dazu.

Es kostete mich sehr viel Kraft, um aus diesem selbstzerstörerischen Zustand wieder herauszukommen.

Als Erstes zwang ich mich dazu, mich mental von mir selbst zu lösen und mich und mein Umfeld aus der Distanz zu beobachten. Was machte ich falsch? Und warum?

Als Zweites habe ich mir dann aus dieser Distanz-Perspektive noch ein paar Fakten angeschaut.

Auf der einen Seite war mein Chef, der mich ganz offensichtlich schikanierte und mir „Fehler" anlastete.

Auf der anderen Seite war da eine Hundertschaft an Kunden und Lieferanten, Mitarbeitern, Kollegen und Freunden, welche mir ausnahmslos bestätigten, dass meine Leistungen und mein Verhalten völlig normal seien.

Und die vermehrten Fehler, die ich in der letzten Zeit aber leider doch machte, konnte ich fast ausnahmslos als Folge auf das Verhalten vom Chef zurückführen. Meine Unsicherheit war aber trotzdem noch riesig.

Ich warf die so gemachten Beobachtungen gegen meine Unsicherheit in die Waagschale und kam wieder etwas aus meinen Selbstzweifeln heraus. Ich „wusste" jetzt wieder, dass ich nicht reif war für die Klapsmühle.

Nach einer Woche dieser Selbstzweifel und Teilgenesung fragte ich dann Mitarbeiter 3, ob es richtig sei, dass er vom Chef auf meine Vergesslichkeit angesprochen wurde. „Ja, das hat er", antwortete er mir prompt, „und das war nach meiner Meinung Mobbing vom Feinsten!"

Ja, das war Mobbing, respektive Bossing. Und zwar wirklich vom Feinsten!

Denn eine solche Anschuldigung gegenüber einem meiner Mitarbeiter zu äußern kann nur in der Absicht gemacht werden, dass es mir früher oder später zugetragen wird. Denn meine Mitarbeiter sind mir gegenüber ziemlich loyal. Und dies wusste der Chef natürlich auch.

Mit dieser Aktion strebte der Chef drei Ziele gleichzeitig an. Erstens wurden meine mir direkt unterstellten Mitarbeiter dahingehend sensibilisiert, dass sie etwas genauer beobachteten und somit eher auch Vorkommnisse als Vergesslichkeit oder Fehler meinerseits werteten.

Zweitens wurde daraufhin natürlich über diese Thematik geredet. Und zwar im gesamten Betrieb: „Hast du gehört? Guido soll viel vergessen. Vielleicht hat der Chef doch recht."

Und drittens hat er in mir enorme Selbstzweifel geweckt, respektive die bestehenden noch verstärkt.

Und genau dies konnte ich aus verschiedenen Gründen nicht zulassen. Erstens ist Mobbing/Bossing kein Kavaliersdelikt. Zweitens war ich völlig unschuldig in diese Situation hineinmanövriert worden. Und drittens konnte ich unmöglich dieses Verhalten vom Chef so hinnehmen. Denn, wenn ich dies einfach so tolerierte, ohne mich ernsthaft zu wehren, würde der Chef das nicht zum letzten Mal gemacht haben – und weitere Unschuldige müssten unter seinen psychopathischen Attacken leiden.

## Tipp für Opfer:

Wenn Sie einen Chef haben, der so über andere Mitarbeiter redet, seien Sie vorsichtig. Er könnte ein Psychopath sein – und Sie sein nächstes Opfer.

## Tipp für Täter:

Wenn Sie als Vorgesetzter ein Problem mit der Gesundheit eines Ihrer Angestellten haben, müssen Sie mit diesem ehrlich und offen darüber reden und allenfalls eine vertrauensärztliche Abklärung in die Wege leiten. Aber niemals, niemals(!) dürfen Sie hinter dem Rücken dieses Angestellten Gerüchte verbreiten!

Vergessen Sie nie, dass Sie ohne Ihre Angestellten auch nicht Chef wären – Sie wären kein bisschen mehr als das, was Sie selber in Ihren Angestellten sehen ... Also, seien Sie freundlich!

Übrigens, das Motto vom Chef für das Jahr 2014 lautete:
*WIR VERMEIDEN GERÜCHTE!*

Und so habe ich dann endlich, eine Woche nach diesem neuerlichen Vorfall, Meldung an die Personalabteilung gemacht.

# Freitag, 24. Juli 2015 – Überwindung

Etwa zehnmal schon hatte ich an diesem Morgen den Telefonhörer in die Hand genommen und ihn wieder hingelegt. Dann kam mir wieder etwas in den Sinn, was ich vor Monaten gelesen hatte:

*[… Plötzlich sind sie da, ungefragt und unerwartet: Situationen, die Zivilcourage verlangen. Vielleicht eine Pöbelei in der Öffentlichkeit, Mobbing gegen einen Kollegen am Arbeitsplatz …]*
aus Persönlich-Kolumne von Corine Mauch, Stadtpräsidentin, Zürich; „Wenn nicht ich, wer dann?", Oktober 2013

Jetzt hatte ich die nötige Entschlossenheit. Denn, wenn die Stadtpräsidentin von Zürich ihre „Angestellten" extra dazu ermunterte, sich gegen Mobbing oder Ähnliches zur Wehr zu setzen, dann konnte es nicht falsch sein, wenn ich dies auch bei meinem Arbeitgeber tat. Aber Mut brauchte das schon. Und wie!

Also wählte ich die Nummer des für mich zuständigen Personaldienstes. Es meldete sich ein Lehrling oder eine Praktikantin. „Nein, leider ist im Moment niemand da. Kann ich etwas ausrichten?" „Nein, danke. Ich rufe noch mal in einer Stunde an."

Beim zweiten Anruf war dann aber immer noch niemand anwesend. Nun ließ ich ausrichten, dass sie mich bitte zurückrufen sollten, es sei sehr wichtig, es gehe um Mobbing.

Am späteren Nachmittag wurde ich dann von der für die Lehrlinge zuständigen Personalleiterin zurückgerufen. Leider sei niemand der für mich zuständigen Ansprechpartner anwesend. Ich vereinbarte, dass ich von „Chef Personal" bis spätestens am Montag, den 3. August kontaktiert würde.

Was ich die folgenden fast drei Wochen (ja, so lange dauerte es doch tatsächlich, bis sich jemand, wenn auch nur ansatzweise, mein Problem anhörte!) durchgemacht hatte, muss ich wohl nicht extra erwähnen.

# Montag, 27. Juli 2015 –
## Diskretion vom Feinsten

Ich wunderte mich sehr – der Chef war auffallend freundlich zu mir. Wirklich auffallend! Und diese Freundlichkeit dauerte die nächsten Tage an.

Ich glaube nicht sehr an Zufälle. Und warum sollte der Chef ausgerechnet zufällig, ab dem Tag meiner Mobbing-Meldung an das Personalbüro, nach mehr als eineinhalb Jahren des Terrors, wieder freundlich zu mir sein? Nein, Zufall war das bestimmt nicht! Da gab es eine undichte Stelle beim Personaldienst! Indiskretion einer oder mehrerer Vertrauenspersonen! Unglaublich!

Ich war jetzt zwar gewarnt – aber leider immer noch naiv genug, um trotzdem „den Dienstweg" einzuhalten.

# Mittwoch, 29. Juli 2015 – Dringend

Normalerweise halte ich mich an Abmachungen. Aber ich war einfach zu sehr verunsichert – und sehr nervös. Darum wartete ich nicht bis zum 3. August auf den Anruf von Chef Personal. Ich meldete mich schon an diesem 29. Juli nochmals telefonisch beim Personaldienst. „Chef Personal ist immer noch abwesend und deine zuständige Personalistin MAP1 ist noch in den Ferien. Tut uns leid." Ich gab zu verstehen, dass es wirklich SEHR dringen sei.

# Donnerstag, 30. Juli 2015 – Endlich!

Meine zuständige Personalistin (MAP1) meldete sich nun doch noch (aus ihren Ferien) telefonisch bei mir. Und ich glaubte im ersten Moment tatsächlich daran, dass meine Angelegenheit nun endlich ernst genommen würde.

Ich ging davon aus, dass wir ein Gespräch führen würden zwischen dem Chef, dem Personaldienst und mir, um die Angelegenheit zu bereinigen. Darum verlangte ich auch, dass eine weitere (neutrale) Person (zum Beispiel Chef 2) mit anwesend sein sollte. MAP 1 hat mir dies aber ausgeredet, da sie sich erst einmal meine Anschuldigung anhören wolle, damit sie sich ein Bild der Situation machen könne. Ich ging darauf ein, und wir verabredeten uns für den 12. August.

# Mittwoch, 12. August 2015 – das Ende der Wartezeit

Hurra! Mein erstes Gespräch mit MAP 1. – Und dies sage und schreibe 19 Tage, nachdem ich das Fehlverhalten meines direkten Vorgesetzten gemeldet hatte! Nicht einmal dem Teufel wünsche ich eine solche Zeit der Ungewissheit und des Stresses.

*Gemäß meinen Recherchen gilt (wie schon erwähnt) zum Beispiel für Kanton Zürcherische Mitarbeitende, dass ab Meldung eines Falls von Mobbing oder sexuellen Übergriffen, dieser innerhalb von maximal zwei bis drei Wochen abschließend bearbeitet sein muss.*

In meinem Fall begann die Bearbeitung gerade erst nach Ablauf dieser Frist.
– Meinte ich aber nur.
Das Gespräch verlief kurz und knapp. MAP 1 wollte keine Details von mir wissen. Das heißt, sie wollte nur bestätigt haben, dass ich tatsächlich den Vorwurf des Bossing gegenüber dem Chef erhebe. Wir vereinbarten einen nächsten Termin, bei welchem wir zu dritt die Angelegenheit ausdiskutieren würden. Ebenso vereinbarten wir, dass Chef und ich von MAP 1 eine Einladung via Outlook kurzfristig in der Folgewoche, nicht vor dem 17. August, zugestellt bekommen. Dies, da ich nicht wollte, dass der Chef sich entsprechend vorbereiten und Ausreden konstruieren konnte. Und ich wollte die Angelegenheit noch vor meinen Sommerferien erledigt haben. Ich wollte endlich Ruhe haben. Ich wollte wieder frei sein. In Ruhe meine Arbeit machen. MAP 1 sagte, dass sie dies verstehe und war damit einverstanden.

# Donnerstag, 13. August 2015 – Fuck!

MAP 1 rief mich an. Sie sagte den Termin von der Folgewoche ab, da sie doch zuerst mit dem Chef ein Gespräch unter vier Augen führen wollte. Sie wollte ihn mit meinem Vorwurf konfrontieren und seine Stellungnahme dazu hören.

Schweren Herzens willigte ich ein, dass wir dann unser Gespräch zu dritt nach den Sommerferien nachholen würden.

MAP 1 verabschiedete sich mit den Worten: „Ja, das habe ich schon so mit dem Chef vereinbart."

„Ach du heilige Scheiße!" Entschuldigen Sie bitte diese Ausdrucksweise, liebe Leser. Aber genau das habe ich damals gedacht. Nun war meine Hoffnung, die Angelegenheit endlich zu einem Abschluss zu bringen, wieder total im Eimer.

Indiskretion zum Zweiten! Zusage und Versprechen nicht eingehalten! MAP,1 gab also dem Chef die Möglichkeit, sich Ausreden und Strategien auszudenken. Vielleicht zusammen mit dem Personaldienst? Was lief hier? Fuck!

# Freitag, 14. August 2015 –
# Vertrauen bringt's nicht

Ich versandte folgende E-Mail an MAP 1.
(cc an: Chef 2, Chef 3 und Chef Personal):

Zürich, 14. August 2015
Guten Tag MAP 1,

ich habe mir das, was Du mir gestern am Telefon gesagt hast, nochmals in Ruhe überlegt. [...]

Ich fasse kurz zusammen:
- am Freitag, 24. Juli 2015, habe ich mich telefonisch beim Personaldienst gemeldet. Stichwort Mobbing. Leider war gerade niemand mit entsprechender Kompetenz anwesend.
- am selben Tag wurde ich aber von ▄▄ zurückgerufen. Mit ihr habe ich vereinbart, dass (mangels zuständigen Personals) ich am Montag, 3. August 2015, von Frau ▄▄ kontaktiert werde.
- Seit Montag, 27. Juli 2015, ist der Chef auffallend „nett" zu mir. Ich habe Dir gegenüber am Mittwoch, 12. August 2015, den Verdacht geäußert, dass dies kaum ein Zufall sein könne. (Es wusste nur der Personaldienst von meinem Problem.)
- Da ich bis Mittwoch, 29. Juli 2015, entgegen dem Vorschlag von Frau ▄▄, leider noch nicht von Frau ▄▄, oder jemand anderem vom Personaldienst, kontaktiert wurde, habe ich mich nochmals per Telefon beim Personaldienst gemeldet. Leider sei Frau ▄▄ immer noch nicht bei der Arbeit, und Du, MAP 1, seist noch in den Ferien.
- Am Donnerstag hast Du Dich dann aber trotzdem bei mir gemeldet. Danke! Ich habe da verlangt, dass mindestens eine weitere Person (Vorgesetzte/r vom Chef) anwesend sein solle.

Du hast dann argumentiert, dass Du zuerst mal hören willst, worum es denn gehe. Damit habe ich mich einverstanden erklärt. Wir haben uns für den Mittwoch, 12. August 2015, verabredet. (Bis dahin sind doch tatsächlich 19 Tage vergangen, bis sich endlich jemand mein Problem angehört hat!)

- Ich habe Dir bei dieser Besprechung/Anhörung auch, im Vertrauen, eine Kopie meiner persönlichen Notizen zu diesem «Fall» gegeben.
- Wir haben vereinbart, dass Du dem Chef und mir nächste Woche eine Einladung zukommen lässt, damit wir die Angelegenheit zu dritt, noch vor meinen Ferien (ab 24. August), ausdiskutieren können.
- Gestern nun Dein Telefonat mit mir, dass Du doch zuerst nächste Woche alleine mit dem Chef reden (seine Sichtweise meiner Vorwürfe) und dann, nach meinen und Chefs Ferien, die gemeinsame Besprechung möchtest. Ob ich damit einverstanden sei. – Ich habe zugesagt, dass dies o. k. sei. (Obwohl da wiederum für mich vier Wochen ungenutzt verstreichen.) Darauf Dein Hinweis, dass Du ja bereits mit dem Chef telefoniert hast!! ICH WAR SPRACHLOS!! Hast Du vielleicht gemerkt?

*Ich werde das Gefühl nicht los, dass hier Verschleierungstaktik und Indiskretion im Spiel sind. Mein Problem wird nicht mit mir gemeinsam gelöst – ich werde als Problem behandelt. Und dies lasse ich nicht zu!!*

*Ich finde es falsch, dass jetzt die Möglichkeit eröffnet ist, alles zu verschleiern und Ausreden zu entwickeln!! – Ich werde gemobbt – nicht mein Chef!!*

*Ich verlange, dass ich bei dieser Anhörung nächste Woche mit dabei bin.*

*Und ebenso verlange ich, dass eine weitere (neutrale) Person als Beobachter/in oder Sachverständige/r anwesend ist.*

*Ich bin jetzt 61 Jahre alt, und ich habe die letzten Jahre gut und gerne für* ▮▮▮ *gearbeitet. Ich denke nicht, dass ich es verdient habe, nun auf solche Art rausgeekelt zu werden.*

*Und es ist auch nicht gerade lobenswert, wenn mein rhetorisches Unvermögen dazu missbraucht wird.*

*Ich verlange, dass man dieses Problem (und mich) ernst nimmt!!*

*Entschuldige bitte, MAP 1, aber ich habe es auf die „nette" Art versucht. Nun muss ich leider feststellen, dass Vertrauen nicht belohnt wird.*
*Freundliche Grüße*

Sie haben es sicher schon erraten, liebe Leser. Ich war an dieser Besprechung der Folgewoche nicht mit dabei. Auch nicht dazu eingeladen. Ich glaube aber schon, dass sie stattgefunden hat.

*„Macht korrumpiert – absolute Macht korrumpiert absolut."*
John Dalberg-Acton (1834–1902)

## 17. August bis 30. Oktober 2015 – Nichts geht!

In diesem Zeitraum geschah nichts, gar nichts, absolut rein gar nichts bezüglich Konfliktlösung beziehungsweise Abklärung meines Vorwurfes des Bossing. Das Einzige, was diesbezüglich stattfand, waren Ausreden und Terminverschiebungen. Schlussendlich hatte der Personaldienst sich dann aber doch noch bequemt und einen nächsten Gesprächstermin mit mir für den 2. November vereinbart.

In dieser Zeit kam es zu weiteren Aktionen gegen mich.

Ich wurde jetzt extrem ignoriert vom Chef, von Kollege 1, von Mitarbeiter 10 (enger Mitarbeiter von Kollege 1), „Sekretariat Chef" und von meinem zukünftigen Nachfolger (Mitarbeiter 1).

Weiterhin wurden vermehrt, ohne mich einzubeziehen, Abmachungen und Beschlüsse gefasst, welche die Funktion der Werkstatt direkt betrafen.

Ich fühlte mich richtig Sch…lecht.

Dazu kamen jetzt auch noch Sabotagen in der Werkstatt. Es waren zwar nur kleine Vorkommnisse, aber es waren eben Vorkommnisse.

Eine dieser Sabotagen ist mir noch sehr präsent. Mitarbeiter 2 hatte ein Gerät für einen Kunden instandgesetzt. Ich machte mit ihm zusammen die Schlusskontrolle und wir haben dabei noch die Feststellbremse eines Laufrades richtiggestellt. Das war an einem Freitag. Am folgenden Montag habe ich nochmals nachgesehen, welche Geräte am Freitag nicht abgeholt worden waren. Dabei fiel mir direkt auf, dass besagte Feststellbremse komplett fehlte. Das Gerät war Gott sei Dank noch nicht abgeholt worden. Ich weiß, dass wir diese Bremse am Freitag davor richtig eingestellt und befestigt hatten. Ich fragte Mitarbeiter 2, ob er wisse was da los sei. Wusste er nicht. Wir brachten es dann wieder in Ordnung, und das Gerät konnte in einwandfreiem Zustand an den Kunden zurückgegeben werden. Was, wenn ich dies nicht bemerkt hätte? Wie viele Manipulationen dieser Art habe ich wohl tatsächlich nicht bemerkt?

Manchmal fehlten Handseifen und Motorenöl, und/oder die Werkstatt machte den Eindruck, dass sie über Nacht oder an den Wochenenden benutzt worden war.

Was ich weiß ist, dass außer mir und meinen Mitarbeitern nur der Chef, Kollege 1 und Mitarbeiter 13 Zugang (Schlüssel) zu meiner Werkstatt hatten.

Der Rest wäre reine Spekulation.

Und eben, ich glaube nicht an Zufälle ...

# Montag, 02. November 2015 – Inkompetenz

Mein zweites Gespräch mit dem Personaldienst fand fast dreieinhalb Monate! nach meiner Meldung des Fehlverhaltens meines Chefs statt. Anwesend waren meine zuständige Personalleiterin (MAP 1), deren Chefin (Chef Personal), mein Chef und ich.

Es wurde nicht – mit keinem Wort! – auf meine Anschuldigung des Mobbings eingegangen. Stattdessen wurde sogenannter Konfliktbewältigung betrieben. Nun, dass Konflikte bestanden, hatte ich nie infrage gestellt. Aber diese Konflikte waren allesamt Reaktionen auf die durch das Mobben provozierte Situation!

Solange die Ursache eines Missstandes nicht behoben war, konnten unmöglich die daraus resultierenden Konflikte gelöst werden. Es funktioniert andersherum: Durch das Lösen/Bereinigen der Ursache verschwinden die Konflikte automatisch!

Also fragte ich mich, wie denn nun die Kompetenz des Personaldienstes zu beurteilen war. Nach meiner Meinung waren alle – ausnahmslos alle – hoffnungslos überfordert mit der Situation und somit auch völlig inkompetent.

Auf meinen Hinweis hin, dass ich eigentlich die Ursache der Konflikte, also meinen Vorwurf des Bossing, abgeklärt haben wolle, antwortete mir Chef Personal, dass dies schon noch komme. Also ergab ich mich in dieses Schicksal und beteiligte mich an der Alibiübung.

Diese Konfliktbewältigung bestand darin, dass der Chef und ich unser Verhältnis zu allen anderen Personen unserer Abteilung darstellen mussten. Also zum Beispiel, dass mein Verhältnis zu Kollege 1 etwas angespannt und reserviert war.

*Ich muss hier anmerken, dass es sich hier ausnahmslos um erwachsene Menschen handelte. Und wir befanden uns nicht etwa in der Grundschule oder im Kindergarten – wir waren zwei Angestellte mit ihrer zugehörigen Personalchefin und deren Vorgesetzten.*

*Und wenn dieses lächerliche Vorgehen nicht Absicht war, so kommt nur vollkommene Unfähigkeit der Personalchefin infrage. Sie hatte sich wohl nicht anders zu helfen gewusst, als eine in der Grundausbildung erworbene Methode zur allgemeinen «Ursachenfindung von Diskrepanzen zwischen Mitarbeitern» anzuwenden, anstatt sich Hilfe bei Fachleuten zu holen. – In unserem Fall war die Ursache der Konflikte aber bereits bekannt. Es musste lediglich noch der Wahrheitsgehalt meiner Anschuldigung abgeklärt werden.*

Nachdem wir das auf einem Flipchart aufgezeichnet hatten, erhielten wir die Hausaufgabe, jeweils die drei wichtigsten Aspekte aufzuzeigen, welche wir zwingend umgesetzt haben wollten, damit wir wieder „normal" miteinander umgehen könnten.

Und wieder mein Hinweis, dass doch bitte endlich auf meinen Vorwurf eingegangen werden möge. „Ich will nichts anderes von euch, als dass mein Vorwurf endlich untersucht wird! Ich habe den Eindruck, dass ihr das gar nicht untersuchen wollt. Und im Übrigen warte ich seit Monaten darauf, dass der Chef mit mir das Gespräch sucht, um diesen Vorwurf, der von mir möglicherweise ja falsch interpretierten Attacken, aus der Welt zu schaffen. Ich möchte Klärung!"

„Jaja, das kommt schon noch. Aber zuerst machen wir mal so weiter. Wir treffen uns wieder zu einer weiteren Besprechung am 17. November."

– Die für den aktuellen Tag geplante Zeit war offenbar abgelaufen …

Im Anschluss freundliches Schulterklopfen vonseiten der beiden Personalleiterinnen beim Chef. Dazu „lustiges" Geplapper: „Na, wie geht es Dir? Das war gut letzte Woche. Hahaha. – bla, bla, bla …"

Ein unglaublicher Affront gegen meine Person. Denn für mich war die Angelegenheit mehr als ernst – und sehr wichtig. Ich konnte nicht verstehen, dass sie sich dermaßen danebenbenahmen. Na, im Nachhinein betrachtet war das wohl ein weiterer Akt des Mobbings. Und es demonstrierte mir zusätzlich die Unfähigkeit des Personaldienstes sowie deren Loyalität gegenüber dem Chef.

# Dienstag, 17. November 2015 – Schritt für Schritt

Anwesend waren, wie das letzte Mal, meine zuständige Personalleiterin (MAP 1), deren Chefin (Chef Personal), mein Chef und ich.
Meine drei Punkte (Hausaufgaben vom 2. November), welche ich umgesetzt haben wollte, waren:
1) Meinen Mobbing-Vorwurf endlich ernsthaft und seriös abklären.
2) Ernst gemeintes Gespräch zwischen meinem Chef und mir zur Wiederherstellung des gegenseitigen Respekts, inklusive Entschuldigung der/des Fehlbaren. (auch wenn ich der Fehlbare sein sollte).
3) Ahndung der Verfehlungen. (Um Wiederholungen in der Zukunft so gut wie möglich zu verhindern.)

*Wie Sie feststellen, liebe Leser, waren meine „Forderungen" komplett neutral gehalten. Denn, solange mein Vorwurf nicht abgeklärt war, war alles nur Behauptung und Unterstellung.*

Die Ausführungen vom Chef waren in etwa die folgenden (aus dem Gedächtnis):
1) Meine Stellvertreterposition des Werkstattchefs (ab Januar 2016) sollte mir entzogen werden.
2) Ich sollte sogar ganz aus der Werkstatt verbannt werden, da dort Unstimmigkeiten und Unruhe herrschten. Stattdessen sollte ich als Hilfsarbeiter dem Außendienst angegliedert werden. Zu diesem Zweck würde der Chef den Teilzeit-Mitarbeiter (Mitarbeiter 9) entlassen. Dies sei aber noch nicht definitiv – und ich dürfe ja nichts zu diesem Mitarbeiter durchdringen lassen.
3) Der Chef wollte dazu für mich einen „Verhaltenscodex mit Probezeit" ausarbeiten.

*Wie Sie hier feststellen können, liebe Leser, waren alle Forderungen gegen meine Person gerichtet.*
   *Ich muss hier anmerken, dass es sich bei meinem Chef um einen geschulten Vorgesetzten handelt. Also mit allen möglichen Ausbildungen, wie man mit*

*unterstelltem Personal umzugehen hat und wie man sich ganz allgemein menschlich gegenüber Angestellten und Mitarbeitern verhalten solle. Das Problem ist aber auch hier, dass die besten Ausbildungen und Ratschläge nichts nützen, wenn es an der dazu nötigen Empathie fehlt und man zur Kategorie Psychopath gehört. Dies gilt selbstverständlich auch für die Verantwortlichen des Personaldienstes.*

*[… Wie oft muss man seine Mitarbeiter auswechseln, damit man sich das Geld fürs Teambuilding sparen kann? …]*
Aus: „Fragen an das Leben" – Rolf Dobelli, 2014

Zum ersten Punkt:
Schon eineinhalb Monate, bevor ich vom Werkstattchef zum Stellvertreter zurückgestuft werden sollte, verlangte Chef, dass ich auch diese Position nicht mehr ausüben durfte.
Eine gewisse Schritt-für-Schritt-Systematik war hier nicht zu übersehen.

Zum zweiten Punkt:
Die Unstimmigkeiten und Unruhe in der Werkstatt waren, wenn überhaupt vorhanden, ausnahmslos durch das Verhalten vom Chef provoziert.
Schon folgte der nächste Schritt der Strategie vom Chef. Ich sollte auf einen Schlag vom Vorarbeiter mit sehr guten Ausbildungen und Referenzen zum Hilfsarbeiter zurückgestuft werden. Ich sollte einen „Teilzeit-Mitarbeiter ohne Ausbildung" ersetzen. Und dazu würde dann diesem Mitarbeiter 9 gekündigt.
*Dann wäre quasi ich schuld daran, wenn Mitarbeiter 9 die Kündigung erhält!*

Zum dritten Punkt:
Ich sollte mich zuerst für diesen Hilfsarbeiter-Job bewähren!!? Unglaublich!
Zum Thema Verhaltenscodex äußere ich mich hier nicht mehr.
Alle drei vom Chef aufgeführten Forderungen konnten in die Kategorie „systematisches Rausekeln" gesteckt werden. Mit anderen Worten: Ich wurde weiterhin und gnadenlos von meinem Chef gemobbt. – Und der Personaldienst unterstützte ihn auch noch dabei. Denn keine von den zwei anwesenden Damen hatte dem Chef in irgendeiner Form Einhalt geboten. Sie standen nur da und haben genickt.

Ich erklärte meinen Standpunkt betreffend den Forderungen vom Chef. Niemals würde ich darauf eingehen. Das sei ein weiterer Affront gegen meine Person. Und dieser Affront weise darauf hin, dass mein Vorwurf eher berechtigt war als nicht. Ich verlangte erneut, dass endlich mein Mobbingvorwurf abgeklärt werden sollte. Und ich erklärte zum wiederholten Mal, dass die bestehenden Konflikte ausnahmslos Reaktionen auf das Mobben waren. Und wiederum erwähnte ich, dass ich noch immer auf ein klärendes Gespräch vom Chef wartete. – Und es wurde wieder nicht darauf eingegangen.

Jetzt kam ich doch etwas in Rage: „Wie kann es sein, dass ihr meinen Vorwurf nicht abklären wollt? Obwohl ihr doch mit Sicherheit wisst, was für ein Mensch der Chef ist. Immerhin hat er für einige Monate in eurer direkten Umgebung gearbeitet. Ihr wisst, dass der Chef nie für einen gemachten Fehler geradesteht. Er redet sich immer irgendwie heraus. Nie stellt er sich vor seine Mitarbeiter. Er strebt immer nur seine persönlichen Vorteile an. WARUM?"

Chef Personal erklärte daraufhin, dass sie feststelle, dass dieser Konflikt so nicht gelöst werden könne (die ist aber schlau!) und sie werde Chef 2 in dieser Sache bemühen.

Jeder betroffene, aber unschuldige Vorgesetzte würde alles daransetzen, damit solche gravierenden Vorwürfe so schnell wie möglich geklärt werden.

Da mein Chef und der Personaldienst ganz offensichtlich nicht daran interessiert waren, den Vorwurf des Mobbings abzuklären, blieb nur eine Schlussfolgerung für mich: Der Chef (wie auch der Personaldienst) ist schuldig!

# Dienstag, 17. November 2015 – Unzuverlässig

Die Schikanen gehen weiter. Mal soll ich das nicht richtig organisiert, mal diesen Termin nicht eingehalten haben. Das falsch gemacht, und dieses nicht richtig. Und wenn immer möglich, wurde ich nicht in relevante Sachen involviert.

Einmal im November hatte mich der Chef knallhart auflaufen lassen. Er benötigte ein Werkzeug aus meiner Werkstatt, welches ich aber am Folgetag bereits anderweitig versprochen hatte. Also gab ich ihm dieses mit der Auflage, dass er es am Folgetag bis zu einer vereinbarten Uhrzeit, zurückbringen müsse. „Ja, klar. Kein Problem. Bis dahin bin ich längst fertig."

Nun, weder das Werkzeug noch der Chef waren bis zum abgesprochenen Zeitpunkt da. Für den Kunden, welcher dann auf das ihm versprochene Werkzeug einen Tag warten und seine Terminplanung umstellen musste, war ich der Unzuverlässige.

## Tipp für Täter:

Ja, Chef. Du machst das gut – das mit dem Mobbing. Schritt für Schritt ... Vielleicht kriegst Du mich ja doch noch weichgekocht.

# Montag, 07. Dezember 2015 – Gnadenlos

Mein erstes Gespräch zusammen mit Chef 2 (der direkte Vorgesetzte vom Chef).

Anwesend waren Chef Personal, Chef 2, mein Chef und ich. (MAP 1 war ab diesem Zeitpunkt nie mehr bei unseren Besprechungen mit dabei.)

Chef 2 stellte fest, dass eine „verfahrene Situation" bestehe. Ich gab ihm recht: „Ja, Chef 2, das ist so. Leider wurde aber bis heute noch nicht auf meinen Vorwurf eingegangen. Ich appelliere nun schon seit Monaten, dass endlich abgeklärt werden solle, ob meine Anschuldigung gegenüber dem Chef der Wahrheit entspricht. Aber nichts dergleichen passiert. Mir scheint, dass hier Verzögerungstaktik angewendet wird. Ebenso passiert nichts vonseiten des Chefs, bei dem ich schon mehrmals den Wunsch geäußert hatte, dass er mit mir ein klärendes Gespräch mit entsprechender Entschuldigung führt. Und ich wiederhole hier und jetzt diesen Wunsch nochmals!"

Chef 2 antwortete: „Die Situation ist, wie ich schon erwähnt habe, bereits so weit eskaliert, dass es nicht mehr möglich ist, dich und den Chef am gleichen Arbeitsort zu beschäftigen. Und unabhängig davon, ob deine Anschuldigungen richtig sind oder nicht – du musst unsere Abteilung verlassen."

Ich atmete einmal tief durch: „Und warum ich …?!" Wir fixierten uns gegenseitig mit den Augen. Fast unerträglich lange. Es war so wie bei den Boxern, wenn diese versuchen, sich vor einem anstehenden Kampf gegenseitig fertigzumachen. Keiner wollte nachgeben. Ich „gewann" dieses Duell. Nur hat mir das nicht im Geringsten geholfen. Chef 2 schaute von mir weg auf seine Papiere und es folgte seine klare Stellungnahme:

„Ja, warum du? Ich stehe voll und ganz hinter dem Chef, und ich vertraue ihm. Und daher gibt es nur diese eine Konsequenz. Du musst gehen! Wir bieten dir aber an, dass du firmenintern in eine andere Abteilung wechseln kannst. – Und: Niemand spricht über diese Sache mit anderen Mitarbeitern."

*Ich interpretierte für mich: Schikane und Mobbing / Bossing werden nicht nur geduldet von den Vorgesetzten, nein, sie werden sogar noch unterstützt! Und um mich ruhigzustellen, machte man mir das Angebot, firmenintern in eine andere Abteilung zu wechseln.*

Meine Frage, ob denn schon konkrete Vorstellungen respektive Angebote für einen anderen Arbeitsplatz vorlägen, wurde von Chef 2 und Chef Personal verneint. Ich gab zu verstehen, dass ich mir dies in Ruhe überlegen werde. Und ich gab auch ganz klar zu verstehen, dass ich mich so nicht abservieren lassen würde.

Mein Chef wurde nicht mal ansatzweise infrage gestellt. Aber ich sollte dafür bestraft werden, dass ich sein Fehlverhalten gemeldet hatte. Und man verpasste mir auch noch einen Maulkorb. – Das konnte ich so nicht hinnehmen.

Mehr als 19 Wochen, respektive 4 ½ Monate nach meiner Anzeige/Meldung, wurde noch immer nicht auf meine Anschuldigung eingegangen! Aber ich sollte weggehen! Warum? Ich hatte doch nichts getan. Ich hatte lediglich ein Fehlverhalten meines Chefs gemeldet. Ich hatte mich verzweifelt und vertrauensvoll an den Personaldienst gewandt, weil ich nicht mehr weiterwusste.

*Ich war bis zu diesem Zeitpunkt noch der Meinung, dass der Personaldienst eines Unternehmens auch tatsächlich „zu Diensten Personal" ist, wenn dieses ein Problem hat.*

Weit gefehlt, liebe Leser!
Mit einem einzigen Satz wurde mein gesamtes bisheriges Berufsleben infrage gestellt. Meine Zukunft war mehr als fraglich. Mit fast 62 Jahren findet man nicht mehr so ohne Weiteres eine neue Anstellung. Meine Pensionsplanung war mit einem Schlag unbrauchbar. Mein Vertrauen in die Gerechtigkeit komplett weg.
Und der Chef zog sein Ding gnadenlos durch und wurde dabei von seinem Vorgesetzten und vom Personaldienst noch kräftig unterstützt!

## Tipp für Opfer:

Vergessen Sie Gerechtigkeit! Es gibt sie nicht. Und führen Sie unbedingt ein Arbeitstagebuch – so detailliert wie möglich. Schon ab dem kleinsten Verdacht! Je größer, je sozialer und je staatlicher der Betrieb, in dem Sie arbeiten, ist, desto wichtiger ist es, dass Sie ein solches Arbeitstagebuch führen.

## Tipp für Täter:

Was soll das? Ihnen fehlt ganz einfach die Größe, die richtigen Entscheidungen zu treffen. Und richtig wäre in dem Fall gewesen, dass nicht aus Bequemlichkeit oder Angst oder was auch immer, das „kleinere Übel" geopfert wird.

*[… Aus wie vielen Fehlbesetzungen besteht Ihr Team? – Haben Sie sich mitgezählt? …]*
Aus: „Fragen an das Leben" – Rolf Dobelli, 2014

# Mittwoch, 09. Dezember 2015 – Mobbingberatung

Ich hatte mir alle möglichen Szenarien ausgedacht, wie ich weiter vorgehen könnte. Nicht zuletzt dachte ich daran, meinen Arbeitgeber aufgrund seiner Unterlassung, die Gesundheit seiner Angestellten zu schützen, zu verklagen. Des Weiteren konnte ich mir auch vorstellen, die Medien auf den Fall aufmerksam zu machen. Und, ich gebe es hier zu: Auch das Anheuern eines Schlägertrupps ging mir kurz durch den Kopf.

Ich war komplett fertig. Ich konnte das alles nicht begreifen. Wie war so etwas möglich? Wie in einer schlechten Vorabend-Soap.

Aber ich entschied mich dann doch für einen humaneren Weg.

Ich erhielt kurzfristig einen Termin bei einer sehr freundlichen und kompetenten Frau, bei einer Mobbingberatungsstelle in Zürich.

Nachdem ich ihr einen groben Überblick der Situation gegeben hatte, riet sie mir, ich solle intern mit meinem Problem bei Chef 3 (direkte Vorgesetzte von Chef 2) vorstellig werden.

Da ich sehr nervös war und die letzte Zeit unglaublich schlecht geschlafen hatte, und die vergangenen zwei Nächte so gut wie gar nicht, ging ich anschließend an diese Besprechung zu meinem Hausarzt, um mir ein Schlaf- oder Beruhigungsmittel verschreiben zu lassen.

Aufgrund meines Zustandes (ich zitterte, konnte kaum zusammenhängende Sätze formen, hatte Schweißausbrüche) verschrieb mir mein Arzt ein entsprechendes Medikament und er verbot mir auch zu arbeiten, da dies viel zu gefährlich sei mit den Medikamenten und in meinem doch sehr angeschlagenen und alarmierenden Gesundheitszustand.

Ich war ab sofort zu 100 Prozent arbeitsunfähig. Bis Ende des Jahres.

Direkt im Anschluss an den Arztbesuch fuhr ich zum Chef in die Firma und übergab ihm das Arbeitsunfähigkeitszeugnis.

Meinem Nachfolger, Mitarbeiter 1, erläuterte ich die wichtigsten unerledigten Projekte und instruierte ihn über die laufenden Arbeiten.

Daraufhin habe ich mich von den Kollegen verabschiedet und ihnen eine schöne Weihnacht und einen guten Rutsch gewünscht. Dabei musste ich mir einige Kommentare anhören wie zum Beispiel: „Was macht ihr nur für Sachen?" (mit „ihr" waren der Chef und ich gemeint). Kollege 1, der mit dabei war, setzte dann noch nach: „Nein, was machst DU für Sachen!"

Nicht mit den Mitarbeitern über diese Sache zu reden, galt offenbar nicht für den Chef …

# Donnerstag, 10. Dezember 2015 – Arbeitsunfähig

Ich sagte per E-Mail beim Personaldienst die anstehenden Mitarbeiter-Beurteilungsgespräche mit meinen Mitarbeitern ab, und verschob sie auf Januar 2016. Ich verwies auf meinen Gesundheitszustand und meine Krankschreibung.

Gleichzeitig sagte ich auch unseren nächsten Gesprächstermin vom 17. Dezember ab.

Der Empfang dieser Informations-Mail wurde mir umgehend bestätigt.

# Donnerstag, 17. Dezember 2015 – Gerüchte

Am 11. Dezember informierte ich Kollege 1 und Mitarbeiter 1, dass ich am 17. Dezember vormittags zur Werkstatt-Übergabe erscheinen würde. Dass ich die Werkstatt an meinen Nachfolger Mitarbeiter 1, trotz meiner Arbeitsunfähigkeit, noch im alten Jahr ordnungsgemäß übergab, war für mich eine Selbstverständlichkeit.

Nun, bis zum Tag der Übergabe erhielt ich keine Rückmeldung, und als ich eintraf, war auch nichts vorbereitet. Weder der Chef noch Kollege 1 begrüßten oder fragten mich nach meinem Gesundheitszustand. Sie hatten keine Fragen und gaben mir auch keine Hinweise, wie die Arbeit ab Januar organisiert werde. Ich wurde von ihnen zu hundert Prozent ignoriert.

Einmal mehr war ich erstaunt über eine derartige Gleichgültigkeit. Die hätten doch das allergrößte Interesse daran haben müssen, dass die Übergabe „ihrer" Werkstatt fehlerfrei ablief. Aber vielleicht wollten sie mir da noch zusätzlich demonstrieren, wie unwichtig ich und meine Arbeit der vergangenen fünf Jahre waren.

Ja, jetzt kam zum Bossing vom Chef auch noch Mobbing durch Kollege 1 hinzu.

Ich sagte mir dann aber, dass sie wahrscheinlich nur deshalb nicht mit dabei waren, weil sie mir nach wie vor vertrauten. Sie vertrauten meiner Zuverlässigkeit und meiner sauberen Arbeitsweise. Sie wussten ganz einfach, dass ich die Übergabe der Werkstatt genauso exakt und gut erledigen würde, wie ich alle Arbeiten in den fünf Jahren zuvor erledigt hatte.

Und so habe ich es dann auch gemacht. Sauber, aber ohne überflüssigen Schnickschnack, übergab ich die Werkstatt an Mitarbeiter 1.

In diesem Zusammenhang informierte ich Mitarbeiter 1 auch gleich darüber, dass ich die Mitarbeiterbeurteilungen direkt Anfang Januar nachholen würde.

Daraufhin druckste er so merkwürdig herum. Er wollte etwas sagen, wusste aber offenbar nicht wie. Nach meiner Ermunterung rückte er dann aber doch damit heraus: „Die Beurteilungen sind alle schon gemacht. Der Chef hat mit mir das Beurteilungsgespräch geführt, und die Beurteilungen abgegeben. Dasselbe habe ich mit Mitarbeiter 2 und Mitarbeiter 3 gemacht. Allerdings waren diese beiden Beurteilungen schon vom Chef vorbereitet."

Nun ja, was sollte ich dazu sagen? „Mein" Mitarbeiter 1 wurde durch meinen Chef beurteilt! „Meine" Mitarbeiter 2 und Mitarbeiter 3 wurden durch ihren Kollegen beurteilt!

Ich kommentierte etwa so: „Ihr müsst selber wissen, was ihr macht."

Bei meiner anschließenden Runde durch den Betrieb erfuhr ich dann auch noch, dass der Chef eine Kurzinfo an die Belegschaft gegeben hatte. „Das war sehr komisch." So oder ähnlich berichteten mir die meisten Mitarbeiter davon. „Er sagte, du seist krankgeschrieben. Wenn jemand fragen sollte, sollten wir nichts anderes sagen. Keine Gerüchte! Nichts rumerzählen!"

Offenbar wurde vom Chef etwas ungenau kommuniziert. Die Mitarbeiter wussten nicht so recht, was passiert war. (Was war der Grund meiner Krankheit? Wie ernst war ich erkrankt?) Dieses Vorgehen vom Chef verleitete zu Eigeninterpretationen, was wiederum Quellen von Gerüchten erzeugte!

Ich muss schon sagen, der Chef machte das meisterhaft! Er regte die „Gerüchteküche" an, war selber aber fein raus, da er ja explizit darauf hingewiesen hatte, dass keine Gerüchte verbreitet werden sollen.

Ich erinnere hier an das Motto vom Chef 2014:
*WIR VERMEIDEN GERÜCHTE!*

## Tipp für Opfer:

Die Täter schämen sich nicht im Geringsten und sie wissen, dass das, was sie tun, Mobbing ist! Fairness ist für die Täter ein Fremdwort. – Vollkommen bedeutungslos!

## Tipp für Täter:

Sie sind genial. Aber vergessen Sie bitte nicht, auch Gerüchte anzetteln und verbreiten (im geschilderten Zusammenhang) gehört in die Kategorie Mobbing! Es ist nicht fair! Es gehört sich einfach nicht! Sie sollten sich schämen!

Aber Sie in Ihrer grenzenlosen Selbstverliebtheit denken ja nicht im Entferntesten daran, dass Sie etwas falsch machen könnten. Empathie kennen Sie nur gegenüber sich selbst.

# Montag, 21. Dezember 2015 – besinnliche Festtage

Ich schickte den nachfolgenden Brief an Chef 3.

Einschreiben
Frau Chef 3
▆▆▆

▆▆▆, 21. Dezember 2015

Mobbingsituation

*Werte Frau Chef 3*

*Es entzieht sich meiner Kenntnis, ob du über meine Arbeitsunfähigkeit vom 9. Dezember 2015 bis 31. Dezember 2015 informiert bist. Es ist mir aber ein Anliegen, dich über die Gründe meiner Arbeitsunfähigkeit zu informieren. Meines Erachtens hat sich dieser Problematik bis zum heutigen Datum leider noch keine der involvierten Personen angenommen.*

*Seit ca. 2 Jahren fühle ich mich von meinem direkten Vorgesetzten, dem Chef, gemobbt und schikaniert (siehe E-Mail vom 14. August 2015 an die Personalabteilung, Frau MAP 1). Da bis dato aus meiner Sicht der ganzen Situation zu wenig Gehör geschenkt wurde, gelangte ich an dich, in der Hoffnung / Erwartung, dass du dich der Sache annimmst. Denn die momentane Arbeitssituation ist für mich in diesem Rahmen unhaltbar.*

*Gerne fasse ich den aktuellen Stand kurz zusammen:*

- *Ende April 2015 habe ich mich damit einverstanden erklärt, mich per 1. Januar 2016 zurückstufen zu lassen. Dies in der Hoffnung, dass dadurch die Schikanen gegen mich aufhören. Bisher blieb diese Hoffnung leider unerfüllt.*

- Vor fünf Monaten habe ich mich das erste Mal mit meinem Problem, hoffnungsvoll und im Vertrauen, telefonisch an unsere Personalabteilung gewandt.
- Ich habe daraufhin festgestellt, dass meine vorgebrachten Anliegen leider nicht konkret untersucht und abgeklärt wurden. Zudem hatte ich den Eindruck, dass die Anliegen indiskret und mit Verzögerung bearbeitet wurden.
- In diversen gemeinsamen Gesprächen (Personalabteilung, Chef 2, Chef und ich) wurde diskutiert, wie wir die aktuelle Problematik lösen könnten. Zu meinen Gründen des Mobbing-Vorwurfs wurde jedoch von keiner Partei Stellung bezogen. Es ist in keinster Art und Weise auf dieses Problem eingegangen worden. Aus diesem Grund konnte auch keine Lösung für die ganze Problematik erarbeitet werden.
- Auf meinen Vorschlag, alle Mitarbeiter bei ▇ zu diesem Thema zu befragen, wurde nicht eingegangen.
- Beim Gespräch mit der Personalabteilung und dem Chef, am 17. November 2015, wurde vom Chef erneut eine Änderung meiner Funktion verlangt. Chef hat mitgeteilt, dass er mich überhaupt nicht mehr in der Werkstatt beschäftigen will, vielmehr sieht er mich neuerdings als Hilfsmechaniker im ▇-Service.
- Beim folgenden Gespräch mit allen Beteiligten, am 7. Dezember 2015, stellte Chef 2 fest, dass der Chef und ich nicht mehr zusammenarbeiten können. Diese Aussage wurde von Chef 2 zusätzlich untermauert, indem er mitgeteilt hat, dass es irrelevant sei, ob ich im Recht bin oder nicht. Er stehe voll und ganz hinter dem Chef und dieser sei sicher nicht die Person, welche ▇ verlassen müsse.
Ich habe das Angebot erhalten, mit uneingeschränkter Unterstützung des HR, ich könne irgendwo, irgendetwas bei ▇ machen, nur nicht mehr in der Abteilung bei ▇
Zwei Tage später wurde mir vom Arzt Arbeitsunfähigkeit attestiert.
- Bisher wurden mir die Protokolle, die anlässlich oder nachträglich dieser Gespräche geführt wurden, nicht zur Einsicht vorgelegt.
Ich bitte um umgehende Zustellung dieser Protokolle.

Die Aufzählung ist nicht abschließend. Es gibt noch etliche weitere Punkte, die aus meiner Sicht in keinster Weise einem respekt- und achtungsvollen Umgang mit Mitarbeitern entsprechen.

*Gerne erwähne ich hierzu den Artikel 328 OR: Der Arbeitgeber ist verpflichtet, die Persönlichkeit der Arbeitnehmer zu respektieren und zu schützen. Gemäß dem Arbeitsgesetz, Verordnung 3, Artikel 2 gilt zudem folgender Grundsatz: Der Arbeitgeber muss alle Maßnahmen treffen, die nötig sind, um den Gesundheitsschutz zu wahren und zu verbessern und die physische und psychische Gesundheit der Arbeitnehmer zu gewährleisten.*

*Somit ist ▬, als Arbeitgeberin vom Chef und mir, verpflichtet, meine Anschuldigung, ungeachtet einer Schuld- oder Unschuldsvermutung, neutral und sachlich zu untersuchen, um wissen zu können, ob und in welcher Form allfällige Maßnahmen getroffen werden müssen.*

- *Ich verlange (auch auf Anraten meiner Beraterin ▬, dass endlich mein Vorwurf des Mobbing ernsthaft, seriös und sachlich untersucht wird.*

*Es ist mir ein Anliegen, dass die ganze Situation professionell und speditiv abgeklärt wird. Meine Tätigkeit bei ▬ gefällt mir nach wie vor sehr und ich möchte diese auch weiterhin ausüben. Daher liegt es mir fern, rechtliche Schritte einzuleiten. Sollte sich an der aktuellen Situation jedoch nichts ändern, sehe ich mich leider gezwungen, diese Möglichkeit ernsthaft in Betracht zu ziehen.*

*Vielen Dank für deine Bemühungen und Stellungnahme an mich bis spätestens 13. Januar 2016.*

*Freundliche Grüße
Guido Ehrenmann*

Die Antwort kam umgehend:

*Lieber Guido*

*Danke für Dein Schreiben. Ich habe Kenntnis von den Anstrengungen von Chef 2 und der Personalabteilung* ▆▆, *für die aktuelle Situation eine Lösung zu finden. Insofern teile ich Deine Meinung nicht, dass* ▆▆ *dieser Sache nichts unternimmt. Ich werde jedoch Rücksprache nehmen und Dir wie gewünscht, eine Stellungnahme bis zum 13.01.16 zukommen lassen.*

*Ich wünsche Dir geruhsame Festtage und einen guten Rutsch ins Neue Jahr.*

*Beste Grüße*
*Chef 3*

Aha! Chef 3 hatte also Kenntnis in dieser Sache. Warum, so fragte ich mich, hatte sie sich dann nicht mehr angestrengt, um die Abklärungen voranzutreiben?

Wenn ich, als verantwortlicher Vorgesetzter, von solchen Problemen und Anschuldigungen meiner Angestellten weiß, ist die einzig richtige und logische Reaktion von mir, dass ich schnellstmöglich die Wahrheit herausfinde. – Außer, ich will unbedingt verhindern, dass die Wahrheit publik wird.

Was konnte ich nun daraus schließen?

Angefangen bei Kollege 1 bis zu Chef 3 und Chef Personal, wollten alle die Machenschaften und Verfehlungen vom Chef vertuschen.

Vielleicht glaubten einige aber auch, dass der Chef tatsächlich unschuldig war. Was im Umkehrschluss bedeutete, dass ich nicht die Wahrheit sagte. Aber, gesetzt den Fall ich sagte nicht die Wahrheit, warum hätte ich denn da eine Meldung wegen Fehlverhaltens meines Chefs beim Personaldienst platzieren sollen? Und, wenn der Fall so gewesen wäre, dann wären doch mit Sicherheit alle Beteiligten, außer mir, an einer schnellen Wahrheitsfindung interessiert gewesen. Waren sie aber nicht.

Bleibt nur eins: Sie alle wussten genauestens Bescheid und deckten den Chef! Aber warum?

## Tipp für Opfer:

Versuchen Sie nicht, das Warum zu ergründen. Sie erfahren es höchstwahrscheinlich sowieso nicht. Aber führen Sie ein Arbeitstagebuch! Denn wenn Sie das Erlebte aufschreiben, kommen Sie allfälligen Intrigen besser und schneller auf die Spur.

## Tipp für Täter:

*[... Gibt es Mitarbeiter, die Sie nur deshalb nicht entlassen, weil sie Dinge über Sie wissen, die nicht unbedingt publik werden sollten? ...]*
Aus: „Fragen an das Leben" – Rolf Dobelli, 2014

Jetzt wurde mir auch klar, warum mich Chef 3 kurze Zeit zuvor, beim firmeninternen Weihnachtsessen, derart (fast schon auffällig) gemieden hatte. Sie war an jedem Tisch und sprach pflichtbewusst mit allen Mitarbeitern ein paar Worte. Nur nicht mit mir. Sie wollte wohl einer Konfrontation aus dem Weg gehen.

## Tipp für Opfer:

„Wir sind eine Familie." „Wir sitzen alle im selben Boot." „Ich bin immer für euch da." „Meine Tür ist immer offen, wenn ihr Probleme oder ein Anliegen habt." – Ich persönlich glaube schon lange nicht mehr an diese „Versprechen". Dies sind wohl eher Versprecher. Leere Worte. Nur Farce. Ganz selten glaubt vielleicht ein Vorgesetzter tatsächlich, dass das, was er mit so stolz geschwellter Heldenbrust erzählt, auch wirklich so ist. Aber wahrscheinlich eher nicht.

## Tipp für Täter:

„Wir sind eine Familie." „Wir sitzen alle im selben Boot." „Ich bin immer für euch da." „Meine Tür ist immer offen, wenn ihr Probleme oder ein Anliegen habt." – Glaubt ihr ja selber nicht!

# Montag, 04. Januar 2016 – Information total

Ich erschien zur Arbeit wie immer. Nur mit dem Unterschied, dass ich nicht mehr Vorarbeiter und nicht mehr zuständig und verantwortlich für die Werkstatt und die Mitarbeiter war. Na gut, zugegeben, etwas mulmig war mir schon zumute ...
Und natürlich hatte sich nichts geändert beim Chef und Kollegen 1 – sie ignorierten mich nach wie vor.
Im Gegensatz dazu wurde ich von den meisten anderen der Belegschaft herzlich begrüßt und nach meinem Wohlbefinden gefragt.
Mitarbeiter 1 (jetzt ja mein Vorgesetzter und zuständig für die Werkstatt) wusste nicht so recht, wie er mit mir und der neuen Situation umgehen sollte, und er war verständlicherweise ziemlich verunsichert und gehemmt mir gegenüber. Jetzt musste er mir die Arbeiten zuteilen und nicht von mir zugeteilt bekommen.
Er habe weder Instruktionen noch irgendwelche Informationen vom Chef erhalten. Er wisse nicht, wofür ich denn nun zuständig sei und welche Arbeiten er mir zur Erledigung geben solle.
Auch daran kann man wieder sehr gut erkennen, was für eine Gattung Mensch mein damaliger Chef ist. Von seinen Mitarbeitern Leistung abverlangen, aber die dazu nötigen Informationen vorenthalten. Er könnte ja in eine Situation geraten, in der er etwas erklären müsste, was er lieber nicht erklären will ... – und er brauchte ja auch Munition, um bei Bedarf reklamieren zu können. Denn mit an Sicherheit grenzender Wahrscheinlichkeit werden „Fehler" passieren, wenn der/die Mitarbeiter nicht die nötigen Informationen von ihm erhalten.
Warum Mitarbeiter 1 aber Chef nicht einfach um diese Informationen gebeten hatte, bleibt sein Geheimnis ...
Ich erklärte ihm dann kurz meine Aufgaben: „Also, ungefähr so: allgemeine Reparaturen und Services an allen Geräten und Maschinen; Unterstützung bei der Lehrlingsausbildung; Kurse für Mitarbeiter ausarbeiten und durchführen; Elektrogeräte unterhalten und reparieren sowie die Einhaltung der festgelegten internen und gesetzlichen Sicherheitsstandards sicherstellen; Spezialaufgaben erledigen (nach Auftreten);

und dich bei deiner Abwesenheit vertreten. Mit anderen Worten, du kannst mir alle anfallenden Arbeiten übertragen. Und Hemmungen musst du nicht haben, ich kann sehr gut mit dieser neuen Situation umgehen. Es macht mir nichts aus, dass du jetzt mein Vorgesetzter bist und mir die Aufgaben zuteilst."

Jetzt konnten wir zusammenarbeiten.

Der Chef verhielt sich so, als wäre ich gar nicht anwesend.

So gab er zum Beispiel an Mitarbeiter 1 die Zustimmung, ein Fahrzeug zu einem Partnerbetrieb in die Reparatur zu geben. Mich hatte Chef aber bei der Mitarbeiterbeurteilung am 5. Januar gerügt, weil ich nur etwa zwei Monate zuvor genau dieses Fahrzeug in genau diesen Betrieb gegeben hatte. Damit noch nicht genug: Mitarbeiter 1 erhielt vom Chef dann auch noch den Auftrag, dasselbe Fahrzeug wiederum bei diesem Betrieb für eine weitere Reparatur anzumelden …

Er ignorierte mich und sprach kein Wort mit mir, und trotzdem manipulierte er mich weiter! Schritt für Schritt!

## Tipp für Täter:

Schon bemerkenswert diese Taktik. Und die Umsetzung. Wohl ziemlich viel Übung darin!

Mitarbeiter 1 hatte auch einige Auswärtstermine.
Zu diesen Terminen nahm er stets das Werkstatt-Telefon mit. Ich sprach ihn darauf an:
„Warum gibst du mir nicht das Werkstatt-Telefon? So, wie ich es mit dir immer gemacht habe? Ich bin dein Stellvertreter und wenn ich nicht erreichbar bin für die Kundschaft, sind wir nicht zeitnah reaktionsfähig."
„Nun, ich weiß nicht warum, aber Chef hat mir verboten, dass ich dir das Telefon gebe."
Mich wunderte das sehr, da ich doch laut unserer Vereinbarung mit dem Chef und dem Personaldienst unter anderem auch für die Stellvertretung meines Nachfolgers zuständig war. (Dies war so festgehalten im entsprechenden, sogenannten Stellenbeschrieb.) Und es machte mich auch etwas traurig. Hatte ich doch in den vergangenen fünf Jahren einen gewissen Standard erreicht, der auch beinhaltete, dass die Werkstatt immer für die Kundschaft erreichbar war und entsprechend schnell reagieren konnte. Dies wurde von der Kundschaft in der Vergangenheit auch sehr geschätzt. Wie soll denn die Werkstatt schnell reagieren, wenn sich der einzige Erreichbare irgendwo, nur eben nicht in der Werkstatt aufhält?
Da Mitarbeiter1 ab Montag, 18 Januar eine Fortbildung hatte, sprach ich ihn am Donnerstag, 14 Januar darauf an, was denn während der Zeit seiner Abwesenheit mit dem Werkstatt-Telefon und seiner Stellvertretung sei.
„Mitarbeiter 1, wie ist das organisiert?" Seine Antwort:
„Ich weiß es nicht."
Nun, ich bin heute nicht mehr sicher, ob er es nicht doch wusste und einfach nicht den Mumm hatte, mir die Wahrheit zu sagen. – Wusste er doch, dass es unrecht war, mich „außen vor" zu lassen, und dass mich dies unheimlich belasten musste.
Die mittlerweile ekelerregenden Aktionen gegen meine Person gingen ungebremst weiter.

Der Chef beauftragte wohl mehrere Mitarbeiter, nachzuschauen, wo ich war und was ich machte, und ihm dann Bericht zu erstatten. Auch direkte verbale Attacken musste ich jetzt von den Kollegen über mich ergehen lassen. Und immer im Beisein von Kunden oder Lieferanten.

Wohl wissend, dass es mir mein Anstand verbot, mich direkt und verbal im Beisein dieser Kunden oder Lieferanten zur Wehr zu setzen.

„Was machst du da im Büro?" „Suchst du etwas?" „Hast du nichts zu tun?" Solches und Ähnliches musste ich mir immer wieder anhören.

Ich hatte so was von genug. Ich wollte endlich Ruhe haben! Jetzt im Nachhinein kann ich nicht verstehen, warum ich da überhaupt noch hinging. Ich war fertig mit meinen Nerven. Und es war mir auch bewusst, dass ich mich, bedingt durch meine stetig wachsende Unsicherheit, wahrscheinlich immer mehr genau so verhielt, wie der Chef es gerne wollte, damit er allen beweisen konnte, wie unzuverlässig ich doch war.

# Dienstag, 05. Januar 2016 – Unterstellungen

Der Chef rief mich zur Mitarbeiterbeurteilung! Na, der hatte vielleicht Nerven!

Ich fragte ihn als Erstes, warum denn die Beurteilungen meiner Mitarbeiter schon im Dezember, während meiner Abwesenheit, gemacht worden seien.

Seine Antwort: „Wir haben einen Auftrag, den wir erfüllen müssen." Ja, und warum konnte dann mit meiner Beurteilung bis ins neue Jahr gewartet werden?, dachte ich für mich, denn ich wollte nicht provozieren. Ich hatte genug. Ich wollte nicht streiten. Ich wollte endlich meine Ruhe haben.

Nun, damit war es wieder nichts. Etwa zehn Minuten später war ich einmal mehr am Boden zerstört. Denn anstatt endlich Ruhe zu geben, setzte der Chef noch mal einen drauf und gab mir eine so unglaublich schlechte Beurteilung, dass es schon fast zum Lachen war. Richtiggehend niederschmetternd.

„Warum tust du das? Und warum willst du nicht endlich über Deine Probleme mit mir reden, um diese aus der Welt zu schaffen?"

Als Antwort erntete ich einmal mehr sein süffisantes Grinsen.

Ich wiederhole mich: Ich als Betroffener, aber unschuldiger Vorgesetzter würde alles daransetzen, um einen solch gravierenden Vorwurf gegen meine Person so schnell wie irgend möglich aus der Welt zu schaffen!

Wenn ich im Nachhinein die ein Jahr zuvor, am 16. Februar 2015, formulierten „Ziele und Kompetenzen" beurteile, fällt mir auf, dass der Chef schon damals ganz gezielt Formulierungen wählte, mit denen er mich dann, entsprechend seinen Wünschen, schlecht beurteilen konnte.

Ich vermerkte daraufhin direkt auf dem Formular, dass ich diese Beurteilung auf gar keinen Fall akzeptierte. Und ich verlangte eine neue Beurteilung von einer anderen Instanz, mit der Begründung, dass diese Beurteilung durch die vorherrschende Situation unmöglich objektiv abgegeben werden konnte.

Die komplette Beurteilung bestand aus Unwahrheiten, Unterstellungen und haltlosen Behauptungen und zielte nur darauf ab, mich unmöglich zu machen. Und sie war ein weiterer krasser Akt von Mobbing.
Nachfolgend die drei ersten bewerteten Themen meiner Beurteilung, inklusive meinen Kommentaren dazu. (Ich hätte hier auch die dritten drei oder ganz willkürlich ein paar Themen wählen können. Überall ähnlich haltlos.)

*Unterstellung 1:*
*Die Zusammenarbeit war generell sehr schwierig (Beschaffung, Entsorgung, etc.). Der Informationsaustausch mit Chef war völlig ungenügend und zu passiv. Mitarbeiter 1 wurde unverständlicherweise, mit zu viel Arbeit unter Druck gesetzt.*

Mein Kommentar:
Die Beschaffung war weder Teil meiner Stellenbeschreibung, noch war ich jemals in einen Beschaffungsprozess involviert. Es gab auch diesbezüglich nie eine Anfrage an mich.
  Für die Entsorgung von ausgedienten Maschinen existierte ein entsprechendes Formular. Ich habe mich immer an den daran geknüpften Ablauf gehalten und das unterschriebene Formular im Sekretariat abgegeben. Leider war es aber häufig der Fall, dass dann einzelne dieser Formulare, zwecks Weiterführung des Prozesses, nicht mehr aufzufinden waren. Die Handhabung dieser Formulare sowie der damit verbundene Ablauf wurden dann auch im Januar 2016 vom Chef geändert ...
  Etc. ist etwas ungenau...
  Was für Informationen sollte ich denn mit dem Chef austauschen? Es war alles ganz normales Tagesgeschäft. Und der Prozess war durch das erwähnte Formular vorgegeben und geregelt. Und ich wurde in den vergangenen fünf Jahren nie diesbezüglich gemaßregelt.
  Mitarbeiter 1 habe ich nie (zu stark) unter Druck gesetzt. Im Gegenteil. Ich musste ihn einige Male sogar bremsen, wenn er selbstständig zusätzliche Arbeiten für sich entgegengenommen hatte.
  Beim Thema Entsorgung kann man gut sehen, wie Chef für sein Unvermögen einmal mehr einen Sündenbock brauchte. Dass das System, das übrigens von ihm selber so festgelegt worden war, nicht richtig

funktionierte, war unbestritten (darum wurde es ja später von ihm auch wieder geändert). Nur, ich kann nicht einsehen, warum ich daran schuld sein sollte.

Thema Beschaffung – völlig haltlos. Aus der Luft gegriffen. Er wollte mich wohl bei den Vorgesetzten Chef 2 und Chef 3 sowie beim Personaldienst einfach nur schlecht darstellen. Er hat wahrscheinlich darauf gehofft, dass ich nicht interveniere und endlich aufgebe.

*Unterstellung 2:*
*Die beiden Lernenden nicht genügend bei der Ausbildung unterstützt.*
*Messkriterien: Prüfungserfolg Lehrling 1. Ausbildungsstand Lehrling 2.*

Mein Kommentar:
Ich war nicht verantwortlich für die Ausbildung der Lernenden. Aber Unterstützung bei der Ausbildung hatte ich trotzdem immer geboten. Der Verantwortliche bei uns für die Ausbildung der Lehrlinge war … der CHEF! Jawohl! Und Lehrlingsausbilder war Mitarbeiter 3. Der hatte auch die entsprechenden Ausbildungen und das nötige Wissen dazu. Ich selber musste lediglich bei der Werkstattplanung die für die Ausbildung der Lehrlinge notwendige Zeit berücksichtigen. Übrigens hatte Lehrling 1 im Herbst 2015, also einige Monate vor dieser Mitarbeiterbeurteilung, seine Abschlussprüfung im ersten Anlauf mit einer doch ganz akzeptablen Note bestanden.

Und Lehrling 2 hatte angeblich (ich wusste dies zu dem Zeitpunkt übrigens nicht, es war für mich auch nicht so wahnsinnig wichtig) in einem Lehrgang ein einziges Werkstück „versemmelt". Aber die Benotung war trotzdem genügend. Lehrling 2 hatte sich maßlos darüber geärgert. Es kann davon ausgegangen werden, dass ihm ein solcher Fehler nie mehr passieren würde. – Ich würde sagen: Ziel des Kurses erreicht.

Auch hier wieder: Ein Sündenbock musste her! Wofür auch immer. Völlig aus der Luft gegriffene Anschuldigungen. Mich ins schlechte Licht rücken. Mich mürbe machen und dazu bringen, aufzugeben.

*Unterstellung 3:*
*Fühlt sich in seiner Position bedroht und angegriffen.*

Mein Kommentar:
Nach meinem Einverständnis vom 30. April 2015, mich zurückstufen zu lassen, konnte von „in seiner Position bedroht" im Sinne von „nicht mehr Vorarbeiter sein" sowieso keine Rede sein. Da dann aber die Mobbingattacken nicht aufhörten, fühlte ich mich selbstverständlich bedroht.
Absolut bewundernswert diese Taktik. Zuerst wissentlich schikanieren und mobben und mir dann meine Reaktion darauf als mein Unvermögen zum Vorwurf machen.
Besser geht's wohl kaum.

## Tipp für Opfer:

Seien Sie auf der Hut vor solchen „Spiralattacken"! Sie kommen da fast nicht mehr heraus. Versuchen Sie, solches Vorgehen frühzeitig zu erkennen, und bleiben Sie cool. Ihre Reaktionen darauf werden Ihnen sonst unweigerlich zum Vorwurf gemacht – das vorangegangene Mobbing wird dann aber selbstverständlich als Hirngespinst Ihrerseits abgetan.

## Tipp für Täter:

Chapeau! – oder, wenn Sie dies nicht verstehen: „Hut ab!"

In diesem Stil ging es weiter. Insgesamt neunzehn verschiedene Punkte. Meine Kommentare dazu füllten fünf DIN-A4-Seiten.

In diesen ersten zwei Januarwochen war der Chef auffallend freundlich im Umgang mit allen „seinen" Mitarbeitern – meistens auch zu mir. Einige haben dies mir gegenüber auch erwähnt – mit etwa diesen Worten: „Was ist los mit dem Chef? Warum ist er plötzlich so freundlich zu uns? Er kommt sogar mit uns in die Pausen und macht Smalltalk. Hat er noch nie gemacht. Seltsam. Das ist doch Mummenschanz!"

Der Verdacht meinerseits war folgender: Der Chef war über mein Schreiben an Chef 3 informiert worden. Und wenn jetzt doch endlich meine Anschuldigungen untersucht würden, brauchte der Chef natürlich wohlgesinnte Mitarbeiter.

# Freitag, 15. Januar 2016 – Stellvertreter

Mein zweites Gespräch mit Chef 2, Chef Personal und Chef. Nachfolgend die „Aktennotiz" dieses Gespräches, welche nun doch endlich (offensichtlich als Folge meines Schreibens an Chef 3) verfasst und an die Teilnehmer abgegeben wurde.

**Aktennotiz**
Teilnehmende:         Guido Ehrenmann,
                      ▓
                      Chef 2
                      Chef
                      Chef Personal
Ort:                  Büro Chef 2
Verfasserin:          Chef Personal
Datum:                15. Januar 2019
Betreff:              Situation, ▓

Einleitung

*Chef 2* bedankt sich, dass der verschobene Termin vom Dezember heute stattfinden kann. Es sollen folgende Punkte besprochen werden:
1. Wie ist die Haltung von Guido bezüglich dem Angebot eines Firmeninternen Wechsels?
2. Es gibt zwei Bemerkungen in der aktuellen Mitarbeiter-Beurteilung: 1. Guido ist inhaltlich damit nicht einverstanden und 2. Möchte er ein Gespräch bzw. eine Beurteilung von einer anderen Instanz. Wie sind dazu die konkreten Vorstellungen?
3. Der Brief an *Chef 3* (von welchem *Chef Personal* und *Chef 2* Kenntnis haben) ergibt nochmals eine neue Ausgangslage. Die Mitarbeitenden-Befragung kommt als neues Element hinzu. Dabei geht es heute um das Absprechen des weiteren Vorgehens.
4. Es soll definiert werden, wie mit der Stv. Funktion momentan umgegangen werden soll?

*Punkt 1 Angebot des* ▮ *internen Wechsels:*
Guido möchte ▮, wie auch im Schreiben an *Chef 3* erwähnt, nicht verlassen. Es ist für ihn kein Thema, da ihm die Arbeit sehr gefällt und er aus seiner Sicht nichts getan hat. Er möchte zuerst die Situation geklärt haben, ob seine Sichtweise stimmt und was daraus resultiert.
*Chef 2* hält fest, dass das Angebot seitens ▮ weiterhin offen und bestehen bleibt. Er nimmt aber zur Kenntnis, dass für Guido dies momentan nicht in Frage kommt.

*Punkt 2 Mitarbeiter-Beurteilung 2015:*
*Chef 2* bemerkt zu diesem Thema, dass es bei Mitarbeiter-Beurteilungen immer wieder zu Diskrepanzen kommen kann. Guido Ehrenmann erläutert, dass die Beurteilung nicht objektiv erfolgte. Es sei auch logisch, da die Situation sehr angespannt sei. Er brauche die Beurteilung für seine tägliche Arbeit und sein Wohlbefinden nicht. Es stehe aber auf dem Bogen, dass eine andere Instanz hinzugezogen werden kann und von dem mache er nun Gebrauch. *Chef 2* nimmt das Thema bei sich auf und überlegt sich die weiteren Schritte. Er wird Guido dazu wieder Feedback geben.

*Punkt 3 Befragung der MA:*
Chef Personal erläutert das Vorgehen bezüglich der Mitarbeitendenbefragung. Sie wird einen Fragebogen entwerfen und schickt diesen danach allen Anwesenden per Mail. Das Ziel sollte sein, dass Konsens zu dem Fragebogen herrscht. Nach den Ferien von Chef Personal wird jede/r Mitarbeiter/in zu einem persönlichen Gespräch eingeladen und mittels Fragebogen strukturiert befragt. Danach wird der strukturierte Fragebogen anonymisiert ausgewertet und die Resultate bereitgestellt. *Chef 2* ergänzt, dass die Kommunikation über das Stattfinden einer Befragung an einer nächsten Sitzung von Chef an die Mitarbeitenden erfolgen soll.

*Punkt 4 Stv. Funktion Werkstatt:*
*Chef 2* hat entschieden, dass bis zur Klärung der Situation die Übernahme der Stv. Funktion sistiert ist. Da die ganze Situation bereits eine hohe Eskalationsstufe aufweist, macht eine Zusammenarbeit durch Übernahme der Stv. keinen Sinn. Guido Ehrenmann erläutert, dass die Arbeitssituation momentan sehr schwierig sei. *Mitarbeiter 1* wisse nicht, welche Arbeiten er ihm geben könne. Er selber werde wie Luft

behandelt und ignoriert. Er hätte erwartet, dass bereits am 4. Januar eine solche Information durch Chef erfolgt wäre. Chef erläutert, dass während seiner Arbeitsunfähigkeit im Dezember, er als direkter Vorgesetzter auch aussen vor gelassen wurde. Guido Ehrenmann habe ein SMS an Kollege1 und *Mitarbeiter 1* geschickt, dass er für die Übergabe noch in die Werkstatt komme, er wurde darüber nicht orientiert.

*Chef 2* fasst zusammen, dass die Sistierung momentan laufe und Chef für die Kommunikation sowie Organisation verantwortlich sei.

Guido Ehrenmann erwähnt noch, dass die Aussage von *Chef 2* am letzten Treffen, ihn hart getroffen habe. Dass die Frage nach interner Versetzung nur ihm gestellt wurde und Chef, egal was gewesen sei, nicht davon betroffen ist, machte ihm zu schaffen. Danach sei er komplett abgestürzt. *Chef 2* dementiert, dass der Wortlaut so ausgefallen sei. Für ihn sei lediglich klar gewesen, dass die Eskalation bereits zu hoch sei und eine Zusammenarbeit nicht mehr ginge und dadurch neue Lösungen gesucht werden mussten. Die vorgeschlagene Lösung sollte zur Entspannung führen, vor allem auch für Guido selber. Guido Ehrenmann versteht es aber so, dass man ihn abschieben wolle. Mehr als er schon jetzt verloren habe, könne er nicht mehr. Er hofft auf eine gute und faire Lösung und dass es korrekt ablaufe, sonst werde er rechtliche Schritte einleiten. Er werde dies durchziehen, da er nichts mehr zu verlieren habe. *Chef 2* nimmt dies so zur Kenntnis und dankt für die Bereitschaft eine einvernehmliche Lösung anzustreben.

*Weiteres Vorgehen:*
1. *Chef* informiert die Belegschaft über die momentane Stv. Regelung in der Werkstatt sowie die geplante MA-Befragung durch *Chef Personal*
2. *Chef Personal* entwirft ein Fragebogen und sendet ihn allen bezüglich Feedback zu
3. Es werden alle Gesprächstermine mit den MA geplant. Ebenfalls der Termin zur Resultatepräsentation
4. *Chef 2* überlegt sich das weitere Vorgehen bezüglich Personalbeurteilung und teilt dies Guido Ehrenmann mit

Alle unterzeichneten Parteien haben den Inhalt dieser Aktennotiz zur Kenntnis genommen und sind damit einverstanden:

*Für die Rechtschreibung und Verständigkeit dieser und auch der weiteren Aktennotizen und Schreiben sind alleine die Verfasser verantwortlich. Ich habe lediglich einige Worte geschwärzt und einige anonymisiert – erkennbar an der Schrift.*

Zu Punkt 1 gibt es nichtsmehr zu sagen, außer, dass mir immer noch kein konkreter Vorschlag unterbreitet wurde.

Zu Punkt 2 kann ich einmal mehr nur den Kopf schütteln und ganz tief durchatmen.

Zuerst einmal muss man mich nicht darauf hinweisen, dass es bei Mitarbeiter-Beurteilungen zu Diskrepanzen kommen kann. Ich war ja selber jahrelang für solche Beurteilungen der Mitarbeiter verantwortlich. Auch schon vor der Anstellung in diesem Betrieb.

Und dann war von Anfang an klar, was ich wollte. Nämlich eine neue und „neutrale" Beurteilung meiner Leistungen. Da hätte sich Chef 2 „die weiteren Schritte" schon längst überlegen können.

Entweder machte Chef 2 wieder auf „Verzögerungstaktik", oder er war schlicht mit dieser Situation überfordert. Ich tendierte zu Letzterem. Werte Leser, wir reden hier über einen Vorgesetzten mit einem Jahreseinkommen von etwa CHF 150'000.00! – Dafür könnte man schon etwas mehr erwarten.

Zu Punkt 3 hatte ich einige Einwände vorgebracht, welche interessanterweise in diesem „Protokoll" nicht erschienen:

Ich gab zu bedenken, dass die Befragungen der Mitarbeiter durch entsprechend geschulte Personen erfolgen sollten. Denn, die Befragung durch Chef Personal könne niemals neutral und sachlich sein. Dazu sei auch zu berücksichtigen, dass die Befragten ihrer Personalchefin ganz sicher nicht „negative Wahrheiten" anvertrauen werden, welche ihnen in der Zukunft möglicherweise einmal hinderlich sein könnten.

„Keine Angst, Guido", versuchte Chef Personal mich zu beruhigen. „Ich kann bei den Leuten die Antworten schon richtig abholen. Dazu brauchen wir keine externen Spezialisten."

„Da bleibt mir wohl nichts anderes übrig, als euch zu vertrauen. Ich warte jetzt erst mal auf den Entwurf dieses Fragebogens."

Punkt 4 war besonders interessant. Chef 2 erwähnte, dass er bereits Mitte Dezember meine Stellvertreter-Funktion aufgehoben hatte. In dieser Aktennotiz wird diese Tatsache aber mit keinem Wort erwähnt ... Schön zu wissen. Warum wurde dies vom Chef nicht kommuniziert? Ich ließ mich auf die Initiative vom Chef zurückstufen und in der entsprechenden Stellenbeschreibung war ich als Stellvertreter des Vorarbeiters eingesetzt. Diese Stellenbeschreibung, datiert vom April 2015, wurde von Chef persönlich ausgearbeitet und verfasst ... Dies galt nun plötzlich nicht mehr und wurde mir, dem direkt Betroffenen, noch nicht mal mitgeteilt?!

Dass ich den Chef „außen vor" gelassen hätte, könnte sicher nicht verwundern. Nur stimmte es so nicht. Denn der Chef wusste ja offenbar davon. Und er wusste es von seinem Stellvertreter. Dieser hatte, seien Sie versichert, werte Leser, meine SMS spätestens bei ihrer nächsten „Sitzung" (mindestens drei- bis fünfmal wöchentlich) an den Chef weiter kommuniziert. – Und dass Kollege 1 dies auch wirklich so machen würde, wusste wiederum ich, denn der Chef wollte ja über alles und jederzeit informiert sein. Und sollte Kollege 1 ausfallen, war Mitarbeiter 1 in dieser Pflicht. Ich hatte also reichlich dafür gesorgt, dass der Chef über meine angekündigte Werkstattübergabe informiert wurde.

Zu guter Letzt muss ich noch erwähnen, dass ich nie gesagt habe, dass ich rechtliche Schritte einleiten würde. Richtig ist, dass ich sagte, ich würde mir *überlegen,* allenfalls (bei unzureichenden Abklärungen und weiterer Unfairness), rechtliche Schritte einzuleiten.

# Freitag, 15. Januar 2016, 15:15 Uhr – Info

Am Nachmittag, nach unserem Gespräch mit Chef 2, informierte der Chef Mitarbeiter 1, Mitarbeiter 2, Mitarbeiter 3 und mich über die Aufhebung meiner Stellvertreter-Funktion. Die Stellvertretung übernahm ab sofort ... der Chef. Bei seiner Abwesenheit war Mitarbeiter 3 zuständig.

*Mir drängte sich der Eindruck auf, dass der Chef in seinem Job nicht genügend ausgelastet war.*

# Dienstag, 19. Januar 2016 – Kondolenz

Der Chef beraumte eine außerordentliche Mitarbeiter-Information ein.
Er erklärte der versammelten Mitarbeiterschaft, dass eine „Eskalation" zwischen ihm und mir bestehe und wie die Stellvertretung des Werkstatt-Vorarbeiters geregelt sei.
Ebenso erklärte er, dass es eine Mitarbeiter-Befragung geben werde, bei welcher alle befragt würden.
*Die sehr traurige Tatsache aber, dass am vorangegangenen Wochenende die Mutter von einem unserer Mitarbeiter verstorben war, erwähnte der Chef mit keinem Wort.*

So viel zur Empathie-Fähigkeit vom Chef.

## Tipp für Täter:

*[... Wie steht es mit Ihrer Empathie gegenüber Steinen? ...]*
Aus: „Fragen an das Leben" – Rolf Dobelli, 2014

## Montag, 25. Januar 2016 – Wie der Blitz

Schlappe zehn Tage nach dem Gespräch vom 15. Januar erhalte ich ein Exemplar des vorgängig besprochenen Gesprächsprotokolls.

# Dienstag, 02. Februar 2016 – uninteressant

Gespräch mit Chef 2 und Chef Personal über „meine" Mitarbeiter-Beurteilung. Sie wollten von mir wissen, welche Punkte meiner Meinung nach vom Chef nicht objektiv genug beurteilt worden waren. „Nun, das ist schnell gesagt", antwortete ich, „es sind alle neunzehn Punkte. Überall fehlen die Fairness, der Respekt, die Objektivität und die Wahrheit. Die gesamte Beurteilung zielt nur darauf ab, mich unmöglich zu machen. Ich gehe davon aus, dass der Chef nicht damit gerechnet hat, dass ich mich weiterhin zur Wehr setze."

Und dann begann ich meine Stellungnahme zu jedem einzelnen Punkt ausführlich abzugeben. Ich weiß nicht, ob ich sie damit überforderte oder nur langweilte. Sie hatten nicht viele Fragen zu meinen Ausführungen.

Dann, nach etwa 30 Minuten, entschuldigte sich Chef Personal. Sie hätte noch einen Termin. Nach weiteren etwa 15 Minuten warf mich Chef 2 dann auch raus. Er hätte ebenfalls noch weitere Termine.

So viel zu Respekt und Rücksicht von Vorgesetzten gegenüber ihren Angestellten. Ja, das war schon recht unerträglich, wie ernst diese zwei Personen meine Probleme nahmen und wie sehr sie sich für die gerechte Behandlung ihres Mitarbeiters einsetzten.

Sie hatten damit ja wohl ihre „Pflicht" erfüllt. Das musste anscheinend genügen. Aber ich gab noch nicht ganz auf. – Ich hoffte immer noch auf Gerechtigkeit. Warum auch immer.

Ich fragte Chef 2, ob er Interesse habe, meine Aufzeichnungen über das Mobbing und meine Stellungnahme zur Mitarbeiterbeurteilung zu erhalten. Zur Einsichtnahme. Denn noch immer hatte mich niemand gefragt, was denn meine konkreten Vorwürfe gegen den Chef seien.

„Oh ja, gerne. Kannst du sie bitte per E-Mail an Chef Personal und mich senden?"

„Ja, sicher. Vielleicht hat ja doch noch jemand Interesse und sieht sich das an." – Konnte ich mir nicht verkneifen zu sagen.

Man muss sich das vorstellen. Nach mehr als sechs Monaten seit Kenntnis meines Problems hatte noch keine der Personen, welche meinen Vorwurf abklären sollten, Interesse daran bekundet, was ich meinem Chef denn überhaupt vorwarf. Nach mehr als sechs Monaten zwang ich den Verantwortlichen meine diesbezüglichen Aufzeichnungen geradezu auf. Wirklich unglaublich. – Und ich, in meiner grenzenlosen Naivität, glaubte (oder hoffte?) immer noch an ein gutes Ende ...

*[... Welches ist der Nutzen von Hoffnung? Entweder wir können eine Situation verändern, dann brauchen wir keine Hoffnung, sondern Handlung. Oder wir können nichts an der Situation ändern, dann brauchen wir auch keine Hoffnung ...]*
Aus: „Fragen an das Leben" – Rolf Dobelli, 2014

# Mittwoch, 03. Februar 2016 – Stellungnahme

Ich sandte diesen zwei Respektspersonen die aufgeschwatzten Unterlagen sowie meine schriftlichen Stellungnahmen zur Mitarbeiter-Beurteilung und dem Mitarbeiter-Befragungsbogen zu.

Eine Version des Mitarbeiter-Befragungsbogens, *„zur Einsicht und Stellungnahme bis 2. Februar 2016"*, wurde mir am 27. Januar 2016 zugestellt:

**Gesprächsablauf**
1. Gibt es bei ▓▓▓ aus deiner Sicht irgendeine Form von Mobbing (falls mit nein beantwortet gleich zu Frage 7)
2. Wer ist dabei beteiligt (wer wird gemobbt und wer mobbt)?
3. Seit wann besteht diese Situation?
4. Woran erkennst Du, dass es Mobbing ist?
5. Von was für konkreten Mobbing-Situationen weisst Du (Bsp.)?
6. Gibt oder gab es bei ▓▓▓ Bemühungen diesen Umstand zu ändern?
7. Gibt es bei ▓▓▓ aus deiner Sicht irgendwelche Konflikte oder Unstimmigkeiten?
8. Wer ist dabei beteiligt?
9. Um was für Themen geht es dabei? Was sind aus deiner Sicht die Gründe für diese Konflikte?
10. Seit wann besteht diese Situation?
11. Gibt oder gab es bei ▓▓▓ Bemühungen diesen Umstand zu ändern?
12. Was ich sonst noch sagen wollte (nicht angesprochene Themen, Anliegen etc.)?
13. Betriebliche Veränderungen (Infofluss, Unsicherheiten, Erwartungen)
14. Auf den Punkt gebracht (Welche zwei Anliegen sind mir am Wichtigsten, Was ich sonst noch sagen wollte)

Meine Stellungnahme und Anmerkungen zu diesem Befragungsbogen: Die MA sind sicher verängstigt (Angst vor Jobverlust; „ich will doch kein Theater"; „ich muss ja nur noch zwei Jahre, da will ich meine Ruhe haben" etc., und vor allem wissen wahrscheinlich die wenigsten,

was Mobbing ist/bedeutet. Und es wird ja nicht sichtbar gemobbt für Dritte.
Auch scheint mir die Reihenfolge der Fragen unglücklich gewählt.

Nach meiner Meinung sollte zuerst nach Konflikten mit dem *Chef* gefragt werden (Beispielthemen habt ihr genug von mir erhalten), und dann direkt, ob ihnen etwas zwischen mir und dem *Chef* aufgefallen sei. Dann konkrete Themen ansprechen. Und nur, wenn dann jemand etwas Konkretes dazu sagt, kann *evtl.* gefragt werden, ob dies seiner Meinung nach Mobbing sei.

Und bitte nicht vergessen: *ICH* unterstelle dem *Chef* Mobbing, nicht umgekehrt.

Man darf *nicht* davon ausgehen, dass meine Anschuldigungen *nicht* stimmen. Im Gegenteil, man muss davon ausgehen, *dass sie stimmen!* Ich mache dies *(Mobbingvorwurf)* ja nicht aus Spaß, und auch nicht aus Boshaftigkeit.

Wenn jemand eine Mobbingmeldung macht, gibt es da immer ganz sicher eine Ursache/einen Auslöser. Ob es auch tatsächlich Mobbing ist, gilt es abzuklären, nichts anderes. Dass etwas „faul" ist, ist schon mal sicher. Und wenn ich mich falsch verhalten/Fehler gemacht habe, gehe ich damit sicher nicht *selber* zum *Personaldienst!*

Man muss versuchen zu entkräften oder zu erhärten. Nicht versuchen, dem Gemobbten etwas anzulasten! Immer zur Sache!

Oder anders ausgedrückt: Wenn ich eine Frau wäre und sexuelle Belästigung durch meinen *Vorgesetzten* gemeldet hätte, dann wäre sofort ein riesiges Interesse dagewesen. Wie, was, wie oft, in welchen Situationen, gibt es Zeugen etc. etc. Und ganz sicher müsste ich mich nicht weitere – mittlerweile mehr als sechs – Monate belästigen lassen!

Es darf von mir aus durchaus auch bei ███ das Personal zum Thema *Chef* befragt werden. Er ist da ja auch etwa ein halbes Jahr ein- und ausgegangen. Ich kann mir eigentlich nicht vorstellen, dass der *Chef* ausnahmslos beliebt war/ist.

Auch in allen *anderen Abteilungen* bitte nachfragen. (Auch in Bezug auf mich. Wie habe ich meine Arbeit erledigt, waren sie mit meinen Dienstleistungen zufrieden, war ich ehrlich etc.)

Übrigens geht das Rausekeln munter weiter!
- Ich werde weiterhin ignoriert – auch von *Kollege 1*.
- Die „Stellvertretung" ist ein Wahnsinn. Ein Mummenschanz vom Chef. Ich bin zwar nicht Stellvertreter, aber die Laufkundschaft kommt doch so gut wie immer zu mir. Und ich bediene sie auch, entgegen meiner momentanen Zuständigkeit. Ganz einfach, weil niemand da ist, welcher sie sonst bedienen könnte. Niemand weiß Bescheid, mögliche Ansprechpartner sind nicht da, Telefonanrufe werden von niemandem entgegengenommen.
In *Kleinbetrieben* bedeutet so ein unprofessionelles Vorgehen den sicheren Tod *derselben*.
- Das was ich momentan mache (nicht Stellvertretung) entspricht in keinster Weise meiner Kompetenz/meinemAusbildungsstand.
- Die Aufgabe für diese Woche (W5/2016) (███) hat nach meiner Meinung den einzigen Zweck, zu „beweisen", dass ich unfähig bin und der *Chef* einen (zusätzlichen) Mechaniker braucht.

Und mittlerweile hat jetzt auch noch meine Frau ernsthafte gesundheitliche Probleme (Schlafprobleme, Magenschmerzen) – unsere Existenz, unsere Zukunft, unsere Ehe sind ernsthaft gefährdet! – Danke Chef, danke ███.

Am 5. Februar bestätigte mir Chef 2 wie folgt:

*„Guten Tag Guido*
*Wir bestätigen dir den Erhalt der drei Dokumente. Wir nehmen sie in dieser Form zur Kenntnis und werden sie in der Sachverhaltsbeurteilung mitberücksichtigen."*

Wie Sie sehen werte Leser, nur inhaltslose Worte. Kein Wort über meine Anmerkungen zum Befragungsbogen. Der versprochene Konsens war kein Thema mehr.

# Februar 2016 – Chef als Werkstattchef

Ein paar Worte zum Chef, in seiner Funktion als Werkstattchef.

Da Mitarbeiter 1 als mein Nachfolger (und somit aktueller Werkstattchef) wegen seiner Weiterbildung zum Werkstattchef, abwesend war, übernahm der Chef, wie von ihm angekündigt, die Aufgabe, die Werkstatt zu leiten.

Nun, allzu gut machte er seine Sache nicht. Aber urteilen Sie selber, liebe Leser.

Er gab unsinnige Aufgaben an die Mitarbeiter. Einmal musste zum Beispiel Mitarbeiter 3 eine zeitaufwendige Abklärung machen, welche ich aber am selben Tag bereits getätigt hatte. Und Chef wusste dies, denn ich hatte es ihm bereits mitgeteilt.

Wahrscheinlich wieder ein Hinweis an mich: „Du kannst das doch nicht. Ich vertraue dir nicht. Du bist hier unbrauchbar."

Und natürlich brachte diese Abklärung durch Mitarbeiter 3 dasselbe Resultat wie zuvor durch mich.

Es war mehrmals auch viel zu wenig Arbeit für uns organisiert. Grundsätzlich die Aufgabe des Werkstattchefs.

Zusätzlich waren meist die benötigten Ersatzteile nicht termingerecht/zeitnah für die Fertigstellung der Arbeiten im Haus.

Oftmals bestellte der Chef die notwendigen Materialien und Ersatzteile auch überhaupt nicht.

Mitarbeiter 2 hatte sich selber um Arbeit bemüht, indem er die Kundschaft direkt angesprochen hatte.

Ich traute mich das nicht, da ich – na, ja. Sie wissen schon ...

Chef hatte immer wieder propagiert, dass wir ein Jahresarbeitszeiten-System hätten. Und wir mussten dies auch leben. Bedeutete, dass die Vorarbeiter (also vor meiner Zurückstufung auch ich), die Mitarbeiter nach Hause schicken mussten, wenn zu wenig Arbeit da war.

Er selber hatte aber seine eigene Order nicht umgesetzt. Noch nicht mal andeutungsweise. Ich habe das dann übernommen und mich selber für eineinhalb Tage nach Hause geschickt ...

# Donnerstag, 03. und Freitag, 11. März – Befragungen

An diesen beiden Tagen fand die Befragung jeweils der einen Hälfte der Mitarbeiter statt. Und zwar bei uns auf dem Werkstattareal. Chef Personal war anwesend sowie MAP 1. Erstere wohl als Interviewerin und Letztere für das Protokoll.

Die Mitarbeiter wurden jeweils einzeln zu den Gesprächen geladen. Die ganze Aktion dauerte jeweils etwa zwei Stunden. Das bedeutete, dass pro Befragung gerade mal etwa 15 Minuten aufgewendet wurden. Und zwar inklusive der Wechsel. Netto also im höchsten Fall fünf Minuten.

Geradezu unheimlich dieses Engagement und die Seriosität! Ich war beeindruckt.

Nach den Befragungen wurde mir beide Male ein Schauspiel mit Seltenheitswert geboten:

Die beiden Damen vom Personaldienst unterhielten sich, direkt im Anschluss an die Befragungen, demonstrativ fröhlich und kollegial und gut sichtbar für Jedermann, auf dem Vorplatz zur Werkstatt mit … dem Chef!

Meine Interpretation damals wie heute:

Signal an den Chef: „Mach dir keine Sorgen. Alles gut!"

Signal an die Mitarbeiter: „Seht her, dem Chef droht keine Gefahr. Passt also gut auf, was ihr macht!"

Signal an mich: „Sieh doch, wir sind alle ganz entspannt. Und wir halten zusammen. Dem Chef passiert bestimmt nichts! Aber du bist geliefert!"

# Freitag, 04. und Montag, 07. März 2016 – Ausrede

Der Chef besuchte am Freitag zusammen mit Kollege 1 den Automobilsalon in Genf. Eigentlich überhaupt nichts Besonderes. Völlig normal – wenn da nicht dieses Verbot wäre. Einige Mitarbeiter hatten sich mir gegenüber verwundert über diesen Besuch geäußert.

Etwa eineinhalb Jahre vorher hatte uns der Chef mitgeteilt, dass sämtliche Besuche von Messen und Ausstellungen nicht mehr bewilligt würden. Wegen Korruptionsgefahr. Dies sei von der obersten Geschäftsleitung so angeordnet.

Am darauffolgenden Montag, bei der monatlichen Mitarbeiter-Info, sprach ich dieses Thema an. Und der Chef relativierte (situativ zu seinen Gunsten zurechtgebogen) dies sofort. „Es sind nur Besuche betroffen, welche auf einer persönlichen Einladung basieren."

Ein bisschen schwach diese Ausrede, fand ich.

# Freitag, 18. März 2016 – Hiob

Die Hiobsbotschaft überbrachte mir Chef 2 am 18. März 2016, morgens um 08:40 Uhr. Er kam völlig überraschend zu mir in die Werkstatt, wo ich gerade mit der Reparatur eines Traktors beschäftigt war. „Guido, komm bitte zu uns ins Büro, sofort!"
„Ja, gleich. Ich wasche mir nur noch schnell die Hände. In fünf Minuten bin ich da." Ich dachte: Aha, sie haben etwas rausgefunden, oder wollen mich was fragen, oder sie wollen mich rausschmeißen. Oder was? Ich wurde jetzt sehr schnell sehr nervös. Was meinte er mit zu uns? Wer war die andere Person oder waren die anderen Personen?
„Guten Tag Personalchefin, was kann ich für euch tun?" Etwas Geistreicheres kam mir in dem Moment nicht in den Sinn. Die Personalchefin und Chef 2 waren die einzigen Anwesenden neben mir.
„Guten Morgen, Guido. Nimm doch bitte Platz", sagte sie mit sehr reserviertem Gesichtsausdruck zu mir.
Das bedeutet nichts Gutes, dachte ich und nahm Platz.
„Guido, du bist mit sofortiger Wirkung von der Arbeit freigestellt!"

*Und in diesem Moment beschloss ich, dass ich über meine hier gemachten Erfahrungen ein Buch schreiben werde …*

„Das überrascht mich sehr. Obschon ich eigentlich dachte, dass mich von euch nichts mehr überraschen kann. Und ich bin mir nicht sicher, ob ihr damit den richtigen Weg wählt. Ich wollte genau eine solche Vorgehensweise verhindern. Wie ich euch auch schon zu verstehen gegeben habe, habe ich nichts mehr zu verlieren. Darf ich wissen, was die Gründe für diese Freistellung sind?"
Chef 2 nahm Stellung: „Es sind betriebliche Gründe. Wir wollen wieder Ruhe in den Betrieb bringen und eine weitere Eskalation vermeiden." Im weiteren Verlauf empfahl sie mir, eine Ombudsstelle zu kontaktieren. Chef 2 bestätigte den Termin (31. März) für die Besprechung der Resultate der Mitarbeiterbefragung.

Dann händigten sie mir die „vorübergehende Freistellung" in schriftlicher Form aus. Unterschrieben und verordnet am 14. März von Chef 3 und Chef Personal.

*PERSÖNLICH*
*Herr Guido Ehrenmann*
███

*Zürich, 14. März 2016, MAP 1*

*Vorübergehende Freistellung*

*Sehr geehrter Herr Ehrenmann*
*Wir möchten Sie darüber informieren, dass wir Sie mit sofortiger Wirkung von der Arbeit bezahlt freistellen. Der Aufklärungsprozess wird unterdessen weiterlaufen und wir werden Sie wie vereinbart am 31. März 2016, 09.00 Uhr, über die Resultate informieren und das weitere Vorgehen mit Ihnen besprechen.*
*Freundliche Grüße*
*Chef3 Chef Personal*
*Direktorin Fachbereichsleiterin*

Nun gaben sie mir 15 Minuten Zeit, das Gelände zu verlassen. Also mein Werkzeug zu versorgen und einzuschließen, meine persönlichen Sachen zusammenzusuchen, Arbeitskleider abzulegen und mich wenigstens von den gerade anwesenden Mitarbeitern und Kollegen zu verabschieden. „Was ist? Warum das denn? Das gibt's doch nicht!", fragten mich die meisten.

„Chef 2 und Chef Personal geben euch die nötigen Informationen, sobald ich weg bin. Also kurz nach neun Uhr. Tschüss zusammen, macht's gut!"

Den Zugangsschlüssel musste ich nicht abgeben, aber ich erhielt Hausverbot und das Gelände durfte ich auch nicht mehr betreten.

Und weg war ich.

Es ging mir dann doch einiges durch den Kopf:

Warum haben sie, nachdem Chef 3 meine Freistellung verordnete, vier Tage gewartet, bis sie mich darüber informierten?

*Achtung, Witz:*
*Ob ich wohl diese vier Tage noch nachbeziehen kann?*

Wollten sie mich vor weiteren Attacken durch den Chef schützen? Wohl eher nicht.

Wollten sie beobachten, wie der Chef und die Mitarbeiter reagierten? Wohl auch eher nicht.

Wollten sie den anderen Mitarbeitern signalisieren, dass ihnen, wenn sie nicht schön brav sind, dasselbe passieren könnte? Schon eher.

Oder wollten sie meinen definitiven Abgang vorbereiten? Schön langsam, Schritt für Schritt. Wohl auch eher.

# Mittwoch, 30. März 2016 – Toastbrot

Chef 2 schickte mir folgende Nachricht auf meine private E-Mail-Adresse:

*Guten Tag Guido*

*Ich versuchte dich Mobile zu erreichen, was leider nicht möglich war. Ich kontaktiere dich daher per E-Mail und SMS.*
*Wegen Erkrankung von Chef Personal muss die morgige Besprechung verschoben werden.*
*Als neues Datum setzen wir den 15.4.2016 11.00 Uhr fest.*

*Ich bitte dich um eine kurze Bestätigung des E-Mail/SMS-Erhalts.*

*Danke für dein Verständnis.*

*Freundliche Grüße*
*Chef 2*

Es ist schon zum Verzweifeln mit unseren Chefs. Blöd wie verbranntes Toastbrot!
Denn erstens hat Chef 2 selber meine Funktion als Stellvertreter des Werkstattchefs eingestellt.
Zweitens hat er mir persönlich meine Freistellung überbracht und meine Kollegen entsprechend informiert. Warum zum Teufel soll ich dann privat mit dem Firmen-Werkstatt-Handy rumlaufen?!
Und drittens: Warum haben die Verantwortlichen in der Werkstatt nicht auf seine Anrufe und SMS reagiert? Toller Service. Voll auf Zack, „mein" Chef!
Selbstverständlich bestätigte ich den Erhalt der E-Mail. Und ich gab ihm auch noch meine private Handynummer. So war ich jetzt für ihn „24/7-erreichbar". Das machte ihn wahrscheinlich glücklich …

# Dienstag, 05., bis Montag, 11. April 2016 – Vertrauen

Chef 2 rief mich an. Etwa neun Uhr. Auf meiner privaten Handynummer. – Geht doch ☺ Ich war gerade mit Freunden von mir auf deren Campingplatz und half ihnen beim Aufbau ihres „Sommerwohnheimes". Zeit genug hatte ich ja jetzt.

Etwas zusammenhanglos erzählte mir Chef 2, dass der nächste Gesprächstermin wie besprochen stattfinde. „… und der Chef wird bei dieser Besprechung nicht anwesend sein. Wenn du willst, kannst du eine Person deines Vertrauens mitbringen. Wir werden zusätzlich zu den Resultaten der Mitarbeiter-Befragung auch das weitere Vorgehen bezüglich deiner Anstellungssituation besprechen."

„Chef 2, kannst du mir dies bitte noch per E-Mail senden, dann habe ich es schriftlich und kann mir das zu Hause in Ruhe noch mal anschauen."

Schon etwas seltsam, das Ganze, dachte ich mir, nachdem wir dieses Telefonat beendet hatten. „Chef wird also nicht dabei sein. Und ich darf eine Vertrauensperson mitbringen. Was ist da wohl rausgekommen bei der Befragung? Hatte ich mich getäuscht? Wollten sie mir doch nichts Böses? Warum ist der Chef nicht auch mit dabei, wie vorgesehen?" Diese und ähnliche Fragen gingen mir durch den Kopf. Pausenlos.

Wahrscheinlich war ich meinen Freunden nicht gerade eine grosse Hilfe an diesem Tag.

Als ich am Abend nach Hause kam, startete ich natürlich als Erstes mein Mail-Programm. Ich wollte es wissen. Hatte ich Chef 2 richtig verstanden am Telefon?

Am 05.04.2016, 09:56 Uhr ging die versprochene E-Mail bei mir ein:

*Guten Tag Guido*
*Wie eben mit dir telefonisch besprochen, treffen wir uns wie bereits vereinbart am 15.4.2016, 11.00 Uhr* ▬
*Am Gespräch werden Chef Personal und ich teilnehmen. Falls du es wünschst, kannst du eine Person deines Vertrauens mitnehmen.*

*Ziel des Gesprächs ist eine Information über die durchgeführte Mitarbeitendenumfrage, sowie eine Auslegeordnung über das weitere Vorgehen bzgl. deiner Anstellungssituation.
Besten Dank für die Kenntnisnahme.
Freundliche Grüße
Chef 2*

Also, alles richtig verstanden. Der Chef ist nicht mit dabei. Resultate der Umfrage besprechen. Wie weiter bezüglich meiner Anstellungssituation. Aber warum eine Vertrauensperson mitbringen? Und was war damit gemeint? Ein Anwalt? Ein Freund als Zeuge? Oder wer war gemeint? Und wieder diese lange Wartezeit. Das war mithin das Schlimmste. Immer wieder diese langen Pausen zwischen den verschiedenen Besprechungsterminen. Aber ich war es ja mittlerweile gewohnt. Das machte es aber nicht erträglicher!

Ich entschied mich gegen das Mitbringen einer Vertrauensperson. Was ich Chef 2 auf seinen Wunsch auch mitteilte:

Am Sonntag, 10.04.2016 schrieb ich:

*Guten Tag Chef 2
ich werde ohne Begleitperson an der Besprechung am 15. April teilnehmen. Jedoch verlange ich ein Gesprächsprotokoll, welches ihr mir bitte direkt anschließend an die Besprechung aushändigt.
Ich bitte um Kenntnisnahme.
Freundliche Grüße
Guido Ehrenmann*

Die Antwort folgte am Tag darauf, um 08:22 Uhr:

*Guten Tag Guido
Danke für dein Feedback. Dein Anliegen der Protokollerstellung ist geplant.
Freundliche Grüße
Chef 2*

Na bitte, dachte ich. Sie haben endlich begriffen. Ich erhalte ein Gesprächsprotokoll direkt anschließend an die Besprechung.
    Falsch gedacht …

# Freitag, 15. April 2016 – Ultimatum

Die Besprechung fand statt.
   Was da lief. war einfach nur schrecklich! Ich wusste nicht mehr, wo mir der Kopf stand. Ich verstand nur, dass ich gar nichts mehr verstand.

Ich fasse kurz zusammen:
- Ich wurde vom Chef angeworben und eingestellt.
- Ich machte meine Arbeit zur vollen Zufriedenheit vom Chef.
- Der Chef wollte mich dann aber, aus mir unbekanntem Grund, loswerden.
- Der Chef fing an mich zu schikanieren.
- Ich ließ es zwei Jahre über mich ergehen.
- Ich meldete dieses Fehlverhalten dann aber unserem Personaldienst.
- Chef 2, Chef 3 und HR waren nie an einer Aufklärung interessiert.
- Der Chef wurde nie, nicht mal ansatzweise, infrage gestellt.
- Fragwürdige Mitarbeiter-Befragung.
- Da ich nicht Ruhe gab, wurde ich unbequem.
- Also wollte man mich ruhigstellen.

Und jetzt hatten sie doch tatsächlich noch die Unverfrorenheit, mir ein Ultimatum zu stellen. Entweder ich lasse mich kaufen (Freistellung bis ich eine andere Anstellung habe, längstens aber sechs Monate – bis Ende Oktober 2016), oder sie stellen mir die ordentliche Kündigung per 31. Juli 2016 zu.

   Ja, was hatte ich denn verbrochen? Ich hatte der Geschäftsleitung „ungebührliches Verhalten" eines ihrer leitenden Angestellten gemeldet. Die müssten mir doch eigentlich dankbar sein …

   Jetzt war ich richtig sauer. Ich zweifelte nicht mehr an mir. Ich hatte „nur" Zukunftsangst. Was, wenn ich mich wehrte, aber erfolglos blieb?

   Aber dass ich mich gegen diese „Spielchen" wehren würde, stand für mich fest. Ich, mit meinem ausgeprägten Gerechtigkeitssinn, konnte das unmöglich einfach so hinnehmen.

Da waren die Anwaltskosten zu berücksichtigen (denn ohne Hilfe konnte ich dies kaum schaffen), da war die drohende Arbeitslosigkeit, die fehlenden Einzahlungen in die Pensionskasse, die Gesundheit usw. Aber ich bin ja ein Glückskind: Meine Frau stand voll hinter mir. Wir krempelten unser Budget auf Notbetrieb um. Wir stornierten sogar die gebuchten Ferien. – Kurz, wir schalteten auf Kampfmodus.

Zurück zur Besprechung:
Ja, ich war richtig sauer!
- Bis heute habe ich keine Kenntnis davon, wie die Befragungen abliefen. Ich weiß auch nicht, was genau gefragt wurde.
- Die Resultate der Mitarbeiterbefragungen, welche mir unterbreitet wurden, wage ich anzuzweifeln. Heute mehr denn je.
- Es wurden mir fünf Varianten „meiner Zukunft" vorgelegt, von denen aber nur eine für meinen Arbeitgeber infrage kam. (Also eigentlich nur Variante 4)
- Diese Variante 4 (Vereinbarung) war bereits vorbereitet.
- Und plötzlich sollte dieses Gespräch den Charakter einer Rechtlichen Anhörung haben. – Was immer dies auch sein mag. Es hörte sich für mich aber gefährlich an.
Ich sollte nun dazu Stellung beziehen. Na, wie denn? Ohne Vorbereitung!
- Ich verlangte die Resultate der Befragung, die Liste der Varianten, eine Version der Vereinbarung sowie eine Abschrift des Gesprächs-Protokolls von heute. Ja, das würden sie mir dann per E-Mail zusenden. „Aber die Vereinbarung kannst du jetzt schon haben."
- Diese Vereinbarung war bereits von der Direktion (Chef 3) unterschrieben.

Ich ging nach Hause und stellte die Fakten des Gesprächs zusammen:
- Das Resultat der Umfrage war für mich, bis auf die angebliche Feststellung, dass ich selber mobben würde, keine Überraschung.
- 17 MA wurden befragt (das waren alle, ausgenommen Lehrling, Praktikant, Chef und ich).
- 13 MA hatten angeblich kein Mobbing festgestellt.
- 2 MA hatten angeblich Mobbing durch den Chef an mir festgestellt.
- 2 MA hatten angeblich Mobbing durch mich festgestellt (angeblich an Mitarbeiter 1).

- Es wurde mir eine Variantenaufstellung vorgestellt, von der aber nur Variante Nr. 4 für meinen Arbeitgeber infrage kam (ausgenommen die Erpresservariante Nr. 5.).
- Variante 4 hatten sie vorbereitet und ihrerseits bereits unterschrieben. (Sollte mich wohl zu einer unüberlegten Handlung verführen.)
- Meine Entscheidung zu den Varianten erwarteten sie am 25. April.
- Hatte der Chef die gleiche Variantenauswahl erhalten? Immerhin war ja (angeblich) das Resultat der Befragung unentschieden ausgefallen!
- Offenbar war der Chef nicht mehr in dieses „Spiel" involviert. Und dies, ohne dass meine Anschuldigung gegen ihn abklärend untersucht worden war.
- Ich erhielt, wie auch nicht wirklich anders zu erwarten war, das Besprechungsprotokoll nicht sofort, sondern erst am Dienstag, den 19. April.
- Rechtliches Gehör?

Überlegungen meinerseits:
- Mein Arbeitgeber wollte mich offensichtlich loswerden.
- Wenn ich mich kaufen lassen würde, dann aber richtig. Will heißen: Lohnfortzahlung bis zu meinem erreichten Pensionsalter.
- Frühpensionierung; vollfinanziert von meinem Arbeitgeber.
- Entsprechend angemessene Abfindung.

Was könnte ich jetzt tun? Denn, da ich hier das Opfer war, konnte ich beim besten Willen nicht einsehen, dass ich nun für die Verfehlungen meines Vorgesetzten bestraft werden sollte:
- Auf eines der Angebote eingehen
- Ein neues „Angebot" verhandeln
- Ein Gespräch mit Chef 4 anstreben
- Krankschreiben lassen
- Eine Ombudsstelle kontaktieren
- Mit den Medien arbeiten
- Klage einreichen
- Mit juristischer Hilfe Druck ausüben
- Untersuchung durch externe „Konflikt-Beratungsstelle"
- Anderes

# Dienstag, 19. April 2016 –
# Tag der Entscheidung

Ich nahm mit meiner Beraterin der Mobbingberatungsstelle Kontakt auf. Da sie erkrankt war, erhielt ich einen Termin bei ihr aber leider erst nach dem 25. April. Umgehend versuchte ich, einen späteren Termin zu bekommen, um meinem Arbeitgeber meine Entscheidung mitzuteilen:

*Guten Tag Chef Personal*

*da meine Beraterin leider erst im Laufe der nächsten Woche für mich verfügbar ist, muss ich den Termin vom 25. April leider verschieben.*
*Ich bitte dich um einen neuen Termin ab dem 3. Mai 2016, da ich am 2. Mai noch einen Arzttermin habe.*
*Mit freundlichen Grüßen*
*Guido Ehrenmann*

Die Antwort folgte prompt:

*Lieber Guido*

*Die Frist von 7 Tagen, nach gewähren des rechtlichen Gehörs, ist leider nicht verhandelbar.*
*Wir erwarten Dich am 25. April 2016 um 15.00 Uhr im Büro von Chef 2.*
*Freundliche Grüße*
■
*Leiterin Personal*

Zwei Stunden später erhielt ich dann auch endlich die am Freitag versprochenen Unterlagen. Chef Personal hatte wohl gemerkt, dass die erwähnte Frist „etwas wackelte", wenn mir das Minimum an Information für eine Entscheidungsfindung fehlte:

# Gesprächsprotokoll (zugestellt am Dienstag, 19 April 2016)

| | |
|---|---|
| Termin | 15. April 2016, 11.00 Uhr |
| Teilnehmende | Guido Ehrenmann, ▬ |
| | Chef 2, Geschäftsbereichsleiter ▬ |
| | Chef Personal, Fachbereichsleiterin (Protokoll) |
| Ort: | ▬ |
| Ablage: | Personaldossier |

Rechtliches Gehör vom 15. April 2016

*Chef 2* erläutert, dass heute zwei Punkte besprochen werden: 1. Die Resultate der Mitarbeitendenbefragung und 2. Das weitere Vorgehen in Bezug auf die Anstellung von Guido Ehrenmann.

*Chef Personal* erläutert die Resultate gemäss Anhang 1. Guido ist über das Ergebnis nicht überrascht, stellt die Umfrage und die Vorgehensweise grundsätzlich in Frage. Er möchte unsere Schlussfolgerungen daraus hören. *Chef 2* erläutert, dass er den Mobbingvorwurf wie ihn Guido Ehrenmann inhaltlich und intensitätsmässig schildert, nicht teilt. Er sieht aber sehr wohl, dass eine unzumutbare Konfliktsituation bestehe.

*Chef 2* geht danach zu Punkt 2 über und führt durch die Varianten inkl. seinen Einschätzungen gemäss Anhang 2. Die bevorzugten Varianten seitens ▬ sind die Nr. 3 und 4.

Wir gewähren Guido Ehrenmann nun das rechtliche Gehör und fordern ihn auf, seine Sicht dazu zu äussern.

Guido bemerkt, dass er nichts gemacht habe und es auch nie ein klärendes Gespräch mit *Chef* gab. Er will den Platz nicht verlassen und aufgeben. In der Situation jetzt brauche er Zeit um sich beraten zu lassen bezüglich den verschiedenen Varianten. Er möchte auch zuerst gerne die Vereinbarung sehen.

*Chef Personal* händigt Guido Ehrenmann danach ein Exemplar der Vereinbarung aus und erläutert ihm die einzelnen Punkte. Guido Ehrenmann hat keine Verständnisfragen dazu. Bezüglich der Versetzung kommt noch die Frage auf, ob Guido Ehrenmann auf sich alleine gestellt wäre. *Chef 2* erläutert, dass wir den Erfolg auf eine Anstellung innerhalb der ▬ nicht garantieren können, aber einen grossen Effort dazu leisten, dies zu begünstigen. Guido Ehrenmann bemerkt dazu, dass er auch schon als technischer Hauswart gearbeitet habe, evtl. wäre dies auch eine Möglichkeit. Diese Äusserung heisse aber nicht, dass er sich bereits für diese Variante entschieden habe. *Chef2* ergänzt, dass die Versetzung auch mit der Vereinbarung gekoppelt werden könne.

**Weiteres Vorgehen:**
*Chef 2* erläutert, dass der informierte Kreis momentan die Gesprächsanwesenden und *Chef 3* sei. Er bittet, dass dieser Kreis momentan nicht ausgeweitet wird, ausser durch allfällige externe Beratungsstellen.

Guido Ehrenmann erhält nun eine Woche Zeit, um sich über die verschiedenen Varianten sowie die einzelnen Vereinbarungspunkte Gedanken zu machen. *Chef 2* ist nächste Woche in den Ferien. Falls nächste Woche Fragen zur Vereinbarung oder anderen Themen entstehen, kann Guido Ehrenmann jederzeit Chef Personal anrufen.

Es wird der Montag 25. April 2016, 15.00 Uhr als nächster Gesprächstermin im Büro von *Chef 2* vereinbart.

**Variantenaufstellung**

*Variante 1:* „Freistellung weiterführen"
Status quo weiterführen.
Vorgesetztenbeurteilung:
Es ist unverhältnismässig und mit dem Personalrecht nicht zu vereinbaren, dass eine unbefristete Freistellung erfolgt. Keine Option.

*Variante 2:* „Rückkehr"
Guido Ehrenmann kehrt an seinen Arbeitsplatz zurück. Mit Begleitmassnahmen wird versucht, die frühere Situation zu kurieren.
Vorgesetztenbeurteilung:
Die Aussicht auf Erfolg ist sehr schwierig und hat praktisch keine Chance. Keine Option.

*Variante 3:* „Versetzung"
███ setzt sich dafür ein, dass Guido Ehrenmann zu einer anderen Dienstabteilungen der ███ wechseln kann.
Vorgesetztenbeurteilung:
Dieses Angebot wurde bereits gemacht und hat unverändert Gültigkeit. Valable Option.

*Variante 4:* „Vereinbarung"
Mit Guido Ehrenmann wird eine Vereinbarung über die Auflösung des Arbeitsverhältnisses getroffen, die beidseitig akzeptiert wird.
Vorgesetztenbeurteilung:
Diese Angebot wird Guido Ehrenmann unterbreitet. Valable Option.

*Variante 5:* „Ordentliche Kündigung"
Guido Ehrenmann wird ordentlich gekündigt.
Vorgesetztenbeurteilung:
Nicht bevorzugte Variante. Sofern Guido Ehrenmann aber weder Var. 3 noch 4 zustimmt, wird diese Variante umgesetzt.

13.4.2016 Chef 2

**Und das Kaufangebot**

Vereinbarung zwischen
Guido Ehrenmann, ▇▇▇(Arbeitnehmer)
und
▇▇▇(Arbeitgeberin), vertreten durch Chef 2, (Geschäftsbereichsleiter)

Die Parteien vereinbaren gestützt auf Art. ▇▇▇ was folgt:
1. Die Parteien lösen das bestehende Arbeitsverhältnis in gegenseitigem Einvernehmen per 31. Oktober 2016 auf. Krankheit und Unfall bewirken keine Verlängerung des Arbeitsverhältnisses oder der Lohnfortzahlung bei Krankheit und Unfall über diesen Zeitpunkt hinaus.
2. Falls der Arbeitnehmer auf einen früheren Zeitpunkt eine neue Arbeitsstelle findet, endet das Arbeitsverhältnis und die Lohnzahlungspflicht auf diesen Termin. Der Arbeitnehmer ist verpflichtet, der Arbeitgeberin einen neuen Stellenantritt umgehend (innert 5 Tagen) mitzuteilen.
3. Die Arbeitgeberin stellt dem Arbeitnehmer bis zum Ende des Arbeitsverhältnisses am 31. Oktober2016 bezahlt frei.
4. Mit der Freistellung sind alle Ansprüche von Herrn Ehrenmann aus Überzeit/Mehrzeitund Ferien abgegolten.
5. Die Arbeitgeberin übernimmt die Kosten für ein Outplacement oder allfällige Weiterbildungen von Herrn Ehrenmann im Zeitraum vom 1.05.2016 bis 31.10.2016 bis zu maximal Fr. 5000 (inkl. MwSt). Herr Ehrenmann reicht die entsprechenden Abrechnungsbelege vor der Auszahlung ein.
6. Die Arbeitgeberin stellt dem Arbeitnehmer ein wahrheitsgemässes und wohlwollendes Schlusszeugnis auf den Beendigungszeitpunkt aus. Der Wortlaut des Schlusszeugnisses liegt der Vereinbarung als Anhang 1 bei.
7. Der Arbeitnehmer hat gemäss Bundesgesetz über die Unfallversicherung vom 20. März 1981 (UVG) die Möglichkeit, zur individuellen Verlängerung der obligatorischen Versicherung für Nichtberufsunfälle nach Auflösung des Arbeitsverhältnisses für maximal 180 Tage eine Abredeversicherung abzuschließen. Sofern bei der Krankenkasse die Unfallversicherung gemäss Gesetz über die Krankenversicherung (KVG) sistiert wurde, ist der Kranken-

kasse der Verlust des Versicherungsschutzes umgehen mitzuteilen, damit die Unfallversicherung reaktiviert werden kann.
8. Die Parteien bewahren Stillschweigen über den Inhalt dieser Vereinbarung.
9. Von beiden Parteien wird wie folgt über die Beendigung des Arbeitsverhältnisses informiert: Die Beendigung erfolgt aufgrund betrieblicher Gründe.
10. Die Räumung des Arbeitsplatzes und die Übergabe von Akten, Material usw. erfolgen im Mai 2016 an einem zu vereinbarenden Zeitpunkt.
11. Mit Erfüllung dieser Vereinbarung erklären sich die Parteien als per Saldo aller Ansprüche aus dem Arbeitsverhältnis vollständig auseinandergesetzt zu sein.
Vorbehalten bleibt die Bindung an das Amtsgeheimnis gemäss Art. ▇

Ort, Datum           Ort, Datum

Guido Ehrenmann      Chef 3


Nun, nachdem ich diese Unterlagen genauer studiert hatte, stand mein Entschluss fest:
Ich würde niemals klein beigeben! Ich würde mich auch nicht so billig kaufen lassen! Es musste ein Minimum an Menschlichkeit und Ehrlichkeit erhalten bleiben – jedenfalls von meiner Seite aus!
Denn, wenn ich das so durchgehen ließ, wäre das so etwas wie ein Freifahrtschein für Schikaneure und Mobber, für Vorgesetzte, welche alles tun, um ihre Karriere zu beschleunigen oder zu sichern. Man darf solche Vorgehensweisen nicht durchgehen lassen. Diese Karrieristen fühlen sich (sonst) im Recht: „Das haben wir immer so gemacht. Das ist ganz normal. Das hat noch nie irgendjemanden gestört."
Und, ich würde meine Selbstachtung verlieren – die nächsten Opfer kämen bestimmt!
Jetzt war mein Kampfgeist erst wirklich erwacht. Wenn mein Arbeitgeber mit mir streiten wollte, dann war ich der Letzte, der ihm diesen Wunsch verweigerte.

Als Erstes würde ich aber noch Stellung zur letzten Besprechung beziehen, welche ja plötzlich zur Rechtlichen Anhörung erklärt wurde – Krankheit der Mobbingberaterin hin oder her.

Als Zweites würde ich einen letzten Versuch wagen, die Situation doch noch zu einem einigermaßen fairen Ende zu bringen. Dazu würde ich versuchen, Chef 4 zu bemühen.

Ich machte mich umgehend an die Arbeit.

# Mittwoch, 20. April 2016 – Überblick für Chef 4

Folgende E-Mail sandte ich an Chef 4:

*Sehr geehrter Chef 4*
*Ich, Guido Ehrenmann, bin seit 2011 Angestellter von ▮▮▮ und zurzeit von der Arbeit freigestellt.*
*Und jetzt will ▮▮▮ mich ganz loswerden, nur weil ich mich gegen das Mobbing durch meinen direkten Vorgesetzten wehre.*
*Ich soll mit einer Vereinbarung ruhiggestellt werden.*
*Aber, da ich im Interesse ▮▮▮ als meinen Arbeitgeber handle, und auch absolut keine „Lust" verspüre, die verbleibenden drei Jahre bis zu meiner Pensionierung unverschuldet von der Arbeitslosenkasse abhängig zu sein, werde ich ganz sicher nicht auf so eine einseitige Vereinbarung eingehen.*
*Meine Zukunft, welche ich seit mehr als 30 Jahren plane, würde damit völlig ungewiss.*

*Kurzüberblick:*
- *Ich werde seit ca. zwei Jahren von meinem Vorgesetzten gemobbt.*
- *Am 24. Juli 2015 meldete ich die Verfehlungen telefonisch dem Personaldienst.*
- *In der Folge musste ich leider Indiskretionen und Inkompetenz vom Personaldienst erfahren.*
  *Anstatt meinen Vorwurf des Mobbings abzuklären, versuchte man es mit Verzögerungstaktik und «Konfliktbewältigung».*
  *Diese «Konflikte» sind aber ausnahmslos REAKTIONEN auf das von mir gemeldete Mobbing.*
- *Am 21.12.2015 reklamierte ich die unsachliche Vorgehensweise, auf Anraten meiner Beraterin ▮▮▮ Zürich, bei der Direktion, Frau Chef 3*
- *Anfang März 2016 wird aufgrund meines Schreibens an Frau Chef 3 eine Mitarbeiter-Befragung durchgeführt. Diese wurde meines Erachtens unprofessionell und nicht neutral durchgeführt.*
  *Auch bin ich der Meinung, dass diese Befragung nicht als einziger Bestandteil einer seriösen Abklärung gelten darf und kann.*
- *Am 18. März 2016 wurde ich «vorübergehend freigestellt».*

- *Am 15. April 2016 fand die Resultatbesprechung der Mitarbeiter-Befragung statt, sowie eine „Auslegeordnung über das weitere Vorgehen bzgl. meiner Anstellungssituation».*
  *Bei dieser Auslegeordnung wurde mir dann unter anderem auch eine sehr einseitige Vereinbarung vorgeschlagen. Zum Schluss ist diese Besprechung dann zu einer „Rechtlichen Anhörung» erklärt worden, ohne dass mir diese als solche angekündigt worden wäre.*
- *Da meine Beraterin Frau ▮▮▮ erst im Laufe der nächsten Woche für mich zur Verfügung stehen wird, kann ich nicht wie besprochen am 25. April, sondern erst ab 2. Mai Stellung beziehen. Eine Terminverschiebung ist mir nicht gewährt worden, da angeblich die Frist von einer Woche nach Gewähren des rechtlichen Gehörs „... leider nicht verhandelbar" sei.*

*Ich sehe nicht ein, dass ich mich jetzt plötzlich, nach neun Monaten Verzögerungstaktik seitens ▮▮▮ unter Druck setzen lassen muss.*
*Ich sehe auch nicht ein, warum ich für die Verfehlungen meines Vorgesetzten bestraft werden soll.*
*Und eigentlich habe ich genug von diesen „Spielchen».*
*Sie, werter Herr Chef 4, sind nun definitiv mein letzter Versuch, diese „Sache», ohne Zuhilfenahme externer juristischer Hilfe, zu einem möglichst fairen und diskreten Abschluss zu bringen.*
*Ich versichere Ihnen, Herr Chef 4, wenn fair und professionell gearbeitet wird, werde ich ein entsprechendes Resultat mit allen Konsequenzen respektieren.*
*Ich bitte Sie höflich, mir in dieser Sache beizustehen und mit mir dafür einzustehen, dass so schwerwiegende Tatbestände nicht weiter um sich greifen können.*
*Gerne würde ich Ihnen die Einzelheiten auch in einem persönlichen Gespräch darstellen.*

*Hoffnungsvoll grüßt Sie freundlich*
*Guido Ehrenmann*

In den verbleibenden Tagen bis zu meiner Stellungnahme „feilte" ich dann an ebendieser.

# Sonntag, 24. April 2016 – Faktenabklärung

Antwort von Chef 4 (kurz und bündig, machte mir etwas Hoffnung):

*Sehr geehrter Herr Ehrenmann*
*Besten Dank für Ihr ausführliches Schreiben. Sie erheben schwere Vorwürfe gegen die Vorgesetzten von* ███. *Ich werde die Fakten abklären und mich wieder mit Ihnen in Verbindung setzen.*
*Beste Grüße*
*Chef 4*

# Montag, 25. April 2016 –
# Meine Stellungnahme und ...

Ich gab meine Stellungnahme ab und ließ mir den Erhalt bestätigen:

███, 25. April 2016
Stellungnahme zum „Rechtlichen Gehör" vom 15. April 2016

- Am 30. März 16 wurde ich von *Chef 2* kontaktiert. Die angesagte Besprechung (Resultate der Mitarbeitenden-Befragung) vom 31. März wird auf den 15. April verschoben.
- Am 5. April 16 bestätigte *Chef 2* diesen Termin nochmals per E-Mail mit der Änderung, dass an dieser Besprechung, entgegen der anfänglichen Aussage, der *Chef* nicht teilnehmen wird. Und ich könnte, falls ich dies wünschte, eine „Person meines Vertrauens" mitbringen. Zusätzlich kam ein neuer Punkt zur Besprechung dazu: [„... Auslegeordnung über das weitere Vorgehen bezüglich deiner Anstellungssituation ..."]
- Am 10. April 16 verzichtete ich per E-Mail auf das Mitbringen einer Vertrauensperson, verlangte aber, dass mir direkt an die Besprechung ein Gesprächsprotokoll ausgehändigt wird. *Chef 2* bestätigte dies am 11. April 16.
- Am 15. April 16 begann die Besprechung mit der Erläuterung der Resultate der Mitarbeitenden-Befragung. Danach ging es weiter mit Teil zwei, „Auslegeordnung".

Es wurden mir „theoretisch mögliche Varianten" erläutert. Varianten 1 und 2 seien aber keine Option. Varianten 3 und 4 kämen als wählbar in Betracht. Variante 5 sei die nicht bevorzugte Variante.

Jetzt wurde mir rechtliches Gehör gewährt. Ich hatte die Möglichkeit, sofort meine Sicht dazu zu äußern. Sehr überrascht von der nun plötzlich völlig neuen Situation, stammelte ich ein paar Worte dazu.

Anschliessend wurde mir ein Exemplar der Variante 4 der „Vereinbarung" ausgehändigt und erläutert. Diese Vereinbarung war datiert vom 13. April 16 und unterschrieben von Frau *Chef 3*.

Ich erhielt, entgegen der Zusage vom 11. April, nicht direkt das Gesprächsprotokoll vorgelegt. Wir vereinbarten, dass mir *Chef Personal* das Protokoll am Dienstag, 19. April 16, per E-Mail zusendet. Als Anhang verlangte ich zusätzlich je ein Exemplar der Notizen der Mitarbeitenden-Befragung und der Aufstellung der mir aufgezählten Varianten 1 bis 5.
Wir vereinbarten, dass ich mir bis Montag, den 25. April 16, 15:00 Uhr über das gehörte Gedanken machen und dazu auch externe Beratung zu Hilfe nehmen konnte.

- Am 19. April 16, um 08:15 Uhr erhielt ich die versprochene E-Mail inklusive der vereinbarten Anhänge. Da meine Beraterin leider erst im Laufe der Folgewoche für mich zur Verfügung stehen konnte, verlangte ich von *Chef Personal*, dass der Termin für meine Entscheidung um eine Woche verschoben wird. *Chef Personal* antwortete, dass die Frist nach Gewähren des rechtlichen Gehörs leider nicht verhandelbar sei, und der Termin vom 25. April 16 weiterhin Gültigkeit habe. (Und plötzlich war Eile angesagt, nach neun Monaten Verzögerungstaktik.)

Mir wurde erst im Verlauf der Besprechung vom 15. April 2016 bewusst, dass jetzt plötzlich ich für die Verfehlungen meines Vorgesetzten bestraft werden sollte. Es wurde offenbar mit der Erläuterung der Resultate der Mitarbeitenden-Befragung stillschweigend vorausgesetzt, dass mir klar sein musste, dass nun mein Vorwurf des Mobbings an meiner Person nicht bestätigt wurde.

1) Auch wurde mir erst im Verlaufe dieser Besprechung mitgeteilt, dass es sich hierbei um Rechtliches Gehör handelte. Ich wurde aufgefordert, direkt zu der neuen Situation Stellung zu beziehen. In einem Bundesgerichtsentscheid vom 10. Nov. 2009 zu diesem Thema ist festgehalten:
[… wegleitend muss sein, einer Partei zu ermöglichen, ihren Standpunkt wirksam zur Geltung zu bringen …]
Dies bedeutet, dass dazu auch genügend Zeit zu gewähren ist.
(Rechtsvertretung, Beratung)
Und mir wurde auch nicht erklärt, was denn Rechtliches Gehör bedeutete und was allfällige Konsequenzen sein könnten.

2) Und um meinen Standpunkt wirksam zur Geltung bringen zu können, musste mir auch Einsicht in alle zugehörigen Akten gewährt werden. Ebenso musste ich die Möglichkeit haben, bei den Mitarbeitenden-Befragungen persönlich, mit oder ohne rechtlichen Beistand, anwesend zu sein.
3) Um Maßnahmen zu meiner Anstellungssituation zu treffen, musste vorgängig mein Vorwurf des Mobbings durch meinen Vorgesetzten Chef an meiner Person, unparteiisch und professionell abgeklärt sein.
4) Und da die „nicht bevorzugte" Variante 5 („Ordentliche Kündigung") den Zusatz enthielt, dass diese Variante umgesetzt wird, sollte ich weder der Variante 3 noch der Variante 4 zustimmen (was damit einer klaren Erpressung gleichkam) – auch das wurde mir am 15. April 16 nicht erklärt.

Erst mit Zustellung der Mail vom 19. April 16 erhielt ich davon Kenntnis.

## Stellungnahme zur Untersuchung meines Vorwurfes „Mobbing durch meinen Vorgesetzten"

- Seit Anfang 2014 wurde ich von meinem Vorgesetzten *Chef* gemobbt.
- Am 30. April 15 erklärte ich mich damit einverstanden, mich zurückstufen zu lassen. Dies auch in der Hoffnung, dass die Schikanen vom *Chef* gegen meine Person dann ein Ende finden würden. (Der *Chef* konnte meinen Nachfolger nicht entsprechend schulen lassen, solange dieser nicht meine Position eingenommen hatte, und der *Chef* hatte Angst, dass mein Nachfolger nicht bei ▇ bleibt, wenn er nicht möglichst schnell meine Nachfolge antreten konnte.)
- Mehrere Male seit Anfang 2014 machte ich den *Chef* darauf aufmerksam, dass ich mich von ihm gemobbt fühlte, und dass er dies bitte unterlassen sollte.
- Am Freitag, 24. Juli 15 machte ich dann, nach einer weiteren Attacke, telefonisch Meldung beim Personaldienst (Siehe E-Mail vom 14. August an Frau MAP 1).
Dies ganz im Sinne der Zürcher Stadtpräsidentin Corine Mauch (siehe: Tagblatt Kolumne „Wenn nicht ich – wer dann?" von Corine Mauch am 01. Oktober 13, Tagblatt Zürich), und auch

nach PR IV.A.1.Art.96 [Verfahren bei Verletzung der Persönlichkeit, ...] (auch Stadt Zürich).

Auch OR und Arbeitsgesetz verpflichten den Arbeitgeber, die Persönlichkeit und die Gesundheit seiner Arbeitnehmer zu schützen. Es war also meine Pflicht als Arbeitnehmer von ▮▮▮, meinen Arbeitgeber von den beobachteten Verfehlungen in Kenntnis zu setzen.

- In der Folge musste ich erfahren, dass mein Anliegen nicht mit dem notwendigen Respekt, unprofessionell und einseitig Partei ergreifend, behandelt wurde. Ebenso wurde versucht, mich mit Indiskretionen und Verzögerungstaktik zum Aufgeben zu bewegen.
- Erst nach meinem Schreiben vom 21. Dezember 2015 an *Chef* 3 kam dann etwas Bewegung in die Sache. Es wird eine Mitarbeitenden-Befragung für den März 2016 organisiert.
- Gemäss PR des Kantons Zürich ist eine Mobbing-Untersuchung ab Kenntniserhalt innerhalb von vier bis sechs Wochen zu erledigen. Im aktuellen Fall sind bisher bereits neun Monate seit der Meldung meinerseits verstrichen.
- Verschiedenste Male habe ich gegenüben dem *Personaldienst, Chef 2* und *Chef* erwähnt, dass doch endlich mein Vorwurf des Mobbings untersucht werden sollte. Stattdessen wurde mit „Konfliktbewältigung" versucht, mich ruhigzustellen.

Ebenso habe ich mehrfach gegenüber den erwähnten Personen gesagt, dass ich schon lange darauf warte, dass der *Chef* mit mir das Gespräch sucht, um möglicherweise das Problem doch noch mit Anstand lösen zu können. (Ich als beklagter, aber unschuldiger Vorgesetzter würde alles daransetzen, damit so ein Vorwurf möglichst schnell geklärt wird.)

- Der *Personaldienst* und *Chef 2* ließen es nicht nur zu, dass mich der *Chef* schonungslos weitermobbte, sie unterstützten ihn auch noch dabei. (z. B. mich ignorieren, Sistierung meiner Stellvertretung, Versetzung, Mitarbeiter-Beurteilung 2015 usw.)
- Der *Chef* konnte tun und lassen, was er wollte – ▮▮▮ schaute tatenlos zu.
- Nach den Mitarbeitenden-Befragungen vom 3. und 11. März haben sich *Chef Personal* und *MAP 1* vom *Personaldienst*, jeweils (für alle Mitarbeiter von ▮▮▮ sichtbar) angeregt mit *Chef* unterhalten. Und offensichtlich war die Unterhaltung auch lustig.

Die Signalwirkungen daraus:
Für den *Chef*: Mach dir keine Sorgen, *Chef*. Alles in bester Ordnung!
Für die Mitarbeiter: Seht her. Dem Chef droht keine Gefahr. Passt also gut auf, was ihr macht!
Für mich: Sieh doch, wir sind ganz entspannt. Dem Chef droht keine Gefahr! Du, Guido, hast keine Chance.

- Am 18. März wurde ich dann „vorübergehend von der Arbeit freigestellt". Angeblich um wieder etwas Ruhe in den Betrieb zu bringen. Persönlich überbracht von *Chef 2* und *Chef Personal*. Datiert vom 14. März 16, unterschrieben von *Chef 3* und *Chef Personal*. Signalwirkung hier an die Mitarbeiter: Passt auf, wenn ihr nicht schön brav seid, könnte euch dasselbe passieren.
- Schuld an der jetzigen „verfahrenen" Situation ist ganz klar die unprofessionelle Vorgehensweise des Personaldienstes.
- Nicht ein einziges Mal wurde ich vom Personaldienst oder einer anderen involvierten Person gefragt, was denn nun die konkreten Verfehlungen waren, welche ich dem *Chef* anlastete. Am 2. Februar 16 habe ich meine Aufzeichnungen „Zeitliche Abfolge" an *Chef 2* und *Chef Personal* gesendet, damit sie auch mal etwas „wissen". Allerdings hatte ich ihnen das quasi aufgezwungen – sie selber hatten mich nie darum gebeten.
- Gesprächsprotokolle habe ich bisher nur zwei erhalten. Und beide nur auf meinen speziellen Wunsch hin. Obschon ich von Anfang an verschiedentlich appelliert hatte, dass ich jeweils ein solches Protokoll wünschte (siehe auch mein Schreiben vom 21. Dezember 15, an Frau *Chef 3*).
- Der *Chef* hätte doch vor zwei Jahren einfach nur das Gespräch mit mir suchen müssen. Ehrlich sein Problem mit mir besprechen. Und dann auf faire Art, zusammen mit mir, eine Lösung finden. Was genau sein Problem mit mir ist, ist mir nicht bekannt. Ich kann es nur vermuten.
- Wenn ich noch vermittelbar wäre auf dem Arbeitsmarkt, hätte die vom *Chef* angewandte Methode Erfolg gehabt. Ich hätte längst gekündigt, denn diese dauernden Sticheleien und Angriffe kann man nicht aushalten, ohne daran zu zerbrechen.

5) Ich habe nun wirklich endgültig genug. Seit zwei Jahren werde ich vom Chef gezielt unmöglich gemacht und zum Verlassen der Arbeitsstelle gedrängt.
Und ███ schaut zu.

6) Ich habe absolut nichts verbrochen. Ich habe lediglich ein Fehlverhalten gegen meine Person festgestellt. Darauf habe ich mehr als 18 Monate lang versucht, dies selber wieder in Ordnung zu bringen. Und dann, als ich einsehen musste, dass mir dies nicht ohne fremde Hilfe möglich war, habe ich mich vertrauensvoll an den Personaldienst von …… gewandt.
Da es die Pflicht des Arbeitgebers ist, die Gesundheit und die Persönlichkeit seiner Angestellten zu schützen, war ich sogar dazu verpflichtet, den Vorfall zu melden.
Ganz abgesehen davon, wie viel es kostet, wenn einzelne Mitarbeiter/innen machen können, was sie wollen.
7) Und jetzt soll ich, der ich nichts getan habe ausser das Fehlverhalten eines Vorgesetzten zu melden, bis zu meinem Lebensende für die Verfehlungen meines Vorgesetzten büßen?
Ganz sicher nicht!
8) Ich verlange, dass mein Vorwurf des Mobbings an meiner Person durch meinen Vorgesetzten umgehend und professionell durch eine externe und unabhängige Fachstelle untersucht wird (mein Vertrauen in ▓▓▓ habe ich leider verloren).
9) Ich verlange, dass die Person/en, die sich in dieser Angelegenheit nicht sachlich, ehrlich, menschenwürdig und zielorientiert verhalten haben, entsprechend bestraft werden (fristlose Kündigung/en, schriftliche Verwarnung/en), und dass dies publiziert wird.
10) Sollten die entsprechenden Aktionen nicht umgehend (spätestens 2. Mai 2016) eingeleitet sein, werde ich von meiner Seite aus tätig werden.
11) Ich verlange, dass meine Freistellung aufgehoben wird und ich wieder meiner Arbeit nachgehen kann.

Ich bitte Sie um Kenntnisnahme
Guido Ehrenmann

Eine Kopie von diesem Schreiben (Seiten 1 bis 4) erhalten
zu haben bestätigen:
Zürich, 25. April 16
Chef 2
Chef Personal

Je eine Kopie dieses unterzeichneten Schreibens geht an
Chef 4
Chef 3

Relativ problemlos unterschrieben Chef 2 und Chef Personal und schickten mich aus dem Besprechungszimmer, angeblich damit sie meine Stellungnahme gemeinsam durchlesen und besprechen konnten. Gerade mal etwa drei bis vier Minuten später (die waren aber fix, die zwei!) riefen sie mich wieder herein und händigten mir folgendes Schreiben aus:

**Kündigung des Arbeitsverhältnisses per 31.07.2016 seitens Arbeitgeber**

Zürich, 19.042016/███

Ihre Kontaktperson:
Chef Personal

Kündigung des Arbeitsverhältnisses

Das Arbeitsverhältnis wird auf den 31.07.2016 gestützt auf Art. ███ (schwer wiegende wirtschaftliche oder betriebliche Gründe, sofern ███ der oder dem betroffenen Angestellten keine zumutbare andere Arbeit anbieten kann) des Personalrechts seitens ███ aufgelöst.

Begründung:
Die Analyse der Situation bei ███ hat ergeben, dass der operative Betrieb unter den gegebenen Umständen nicht weiter aufrechterhalten werden kann. Wir sehen uns daher leider gezwungen, personelle Veänderungen vorzunehmen und kündigen das mit Ihnen bestehende Arbeitsverhältnis fristgerecht zum 31.07.2016. Im Weiteren verweisen wir auf die mit Ihnen geführten Gespräche.

Vermögensrechtliche Ansprüche:
Sie erhalten keine Abfindung bez. Lohnfortzahlung, weil die Voraussetzungen gemäss Art. ███ des Personalrechts nicht erfüllt sind.

Rechtsmittelbelehrung:
Gegen diese Verfügung kann innert 30 Tagen nach Erhalt bei ███
Rekurs erhoben werden. Die Rekursschrift ist im Doppel einzureichen und muss einen Antragund dessen Begründung enthalten. Die angefochtene Kündigung ist beizulegen; die angerufenen Beweismittel sind genau zu bezeichnen und soweit als möglich beizulegen.

Geht an:
Guido Ehrenmann

Für den Arbeitgeber:
Chef 3

Wie man sieht, wurde diese Kündigung bereits sechs Tage zuvor ausgestellt. Der Verdacht kam bei mir auf, dass die Kündigung schon länger beschlossene Sache war, denn eine solche, aktuell datiert, hätte mir problemlos und fristgerecht auch per Post-Einschreiben zugestellt werden können.

Noch am selben Tag versandte ich PDF-Kopien der unterzeichneten Stellungnahme an Chef 4 und Chef 3, mit dem Hinweis, dass ich die erhaltene Kündigung selbstverständlich nicht akzeptierte.

Ebenfalls am selben Tag zog ich professionelle, juristische Hilfe heran. Meinen ersten Termin mit der Juristin hatte ich bereits vier Tage später, am 29. April.

# Freitag, 29. April 2016 – ein Lichtblick

Ich übergab meiner Juristin das komplette Dossier und erteilte Vollmacht. Sie würde nach dem Studium meiner Unterlagen gegen die Kündigung Einspruch erheben.

Mit der Morgenpost bekam ich das Gesprächsprotokoll vom 25. April, mit dem Vermerk, es zu unterschreiben und zurückzusenden. Dieses Protokoll trug den Titel „Kündigungsgespräch".

**Gesprächsprotokoll**
Termin 25. April 2016, 15.00 Uhr

Teilnehmende Guido Ehrenmann, ▉
Chef 2, Geschäftsbereichsleiter ▉
Chef Personal, Fachbereichsleiterin Personal (Protokoll)

Ort: ▉ Zürich

Ablage: Personaldossier

Kündigungsgespräch vom 25. April 2016

*Chef 2* möchte, wie im letzten Gespräch vereinbart, die Gedanken von Guido Ehrenmann in Bezug auf die verschiedenen Varianten hören. Guido Ehrenmann geht nicht darauf ein und gibt ein 4-seitiges Schreiben ab. Der Empfang wird durch *Chef Personal* und *Chef 2* schriftlich bestätigt. Ebenfalls wurde das Gesprächsprotokoll vom 15. April 2016 von allen unterzeichnet und jedem ein Exemplar ausgehändigt. *Chef 2* und *Chef Personal* baten Guido Ehrenmann kurz nach draussen zu gehen, damit sie das Schreiben lesen und sich beraten konnten.

Als Guido Ehrenmann wieder ins Büro kam, erläuterte *Chef 2*, dass wir die Erläuterungen und Interpretationen von Guido Ehrenmann nicht teilen und inhaltlich verschiedene Differenzen dazu haben.

Zu Punkt 12 im Schreiben hält *Chef 2* fest, dass für uns eine Rückkehr an den Arbeitsplatz aus betrieblichen Gründen nicht in Frage komme. Zudem interpretiere er den Brief und das Verhalten von Guido Ehrenmann so, dass er die Vereinbarung ausschlagen möchte, da es für ihn keine valable Option sei. Guido Ehrenmann entgegnend darauf, dass er dies nicht so gesagt habe. Er wolle einfach, dass es zuerst eine saubere und korrekte Abklärung bezüglich seines Mobbingvorwurfes gebe. Zudem bemerkt er, dass er nun als letzte Instanz *Chef 4* kontaktiert und um Hilfe gebeten habe.

*Chef 2* erläutert nochmals, dass eine adäquate und korrekte Abklärung aus unserer Sicht erfolgt sei. Da leider Guido Ehrenmann den Vorschlag einer ▬ internen Versetzung wie auch den Vorschlag einer Trennungsvereinbarung ablehnt, teilt *Chef 2* Guido Ehrenmann mit, dass ihm somit ordentlich gekündigt sei.

Wir bedauern, dass keine einvernehmliche Lösung gefunden werden konnte. *Chef Personal* übergibt Guido Ehrenmann die Kündigungsverfügung. Chef 2 bemerkt noch, dass er zu dem Kontakt von Guido Ehrenmann mit *Chef 4* keine Stellung nehmen könne, er nehme an, dass *Chef 4* dann mit Aufträgen auf uns zukommen werde.

*Chef 4* schliesst das Gespräch ab und Guido Ehrenmann wird verabschiedet.

▬

Hatten wir auch schon: Die geplante „Resultate-Besprechung" vom 31. März wurde nach einer Verschiebung auf den 15. April, dann ja auch einfach so zur „Rechtlichen Anhörung" umfunktioniert. Und jetzt wurde die „Stellungnahme Varianten" zum „Kündigungsgespräch" erklärt.

Ich verwies Chef Personal und Chef 2 „für sämtliche Belange mich betreffend" auf meine Rechtsvertretung.

Am Nachmittag erhielt ich einen Anruf von ... Chef 4!
Er tönte echt empört: „Wenn Ihre Aussagen stimmen, Herr Ehrenmann, ist das nicht duldsam! Ich werde den Fall, direkt nach meinen Ferien, am 9. Mai in Angriff nehmen. Ich benötige aber noch mehr Informationen von Ihnen."

Ich verwies auch ihn an meine Rechtsvertretung, da ich mir keine Fehler erlauben könne und die Einspruchsfrist der Kündigung auch noch lief. Ich machte aber klar, dass ich jederzeit zu einem Gespräch und einer einvernehmlichen Lösung bereit sei.

Das ganze Gespräch mit Chef 4 war sehr angenehm und ich hatte wirklich den Eindruck, dass ich diesmal endlich an eine kompetente und faire Person geraten war.

Ich hatte wieder einen Lichtblick!

# Freitag, 13. Mai 2016 – Rechtsvertretung

Das Sekretariat meines Chefs meldete sich bei mir zwecks Übergabe meines persönlichen Materials und der Betriebsschlüssel.

Es war zum Verzweifeln! Ich hatte ganz klar und unmissverständlich an meine Rechtsvertretung verwiesen! Zwei Wochen sollten doch genügen, um diese Information an die involvierten Stellen weiterzugeben.

… Ich verwies erneut an meine Rechtsvertretung.

An diesem Freitag hatte ich auch zwei Arzttermine. Zwar hatte ich nicht mehr diesen Druck von den direkten Schikanen durch meinen Chef zu ertragen, aber meine berufliche und private Zukunft war ja alles andere als sicher.

Ich hatte immer noch die Schlafstörungen, Schweißausbrüche und vieles andere mehr. Stress pur. Neu kam auch noch eine „nervlich bedingte beidseitige Ohrenentzündung" dazu. Mein Hausarzt fackelte nicht lange und schrieb mich für zwei Wochen krank.

Ich versandte das Arztzeugnis umgehend per E-Mail an den Chef und Chef Personal.

Ich stellte alle Fakten, mit denen direktes Mobbing an meiner Person sofort und unwiderlegbar nachgewiesen/bewiesen werden konnten, zusammen. Insgesamt 17 Vorkommnisse!

Diese Liste sandte ich auch an meine Anwältin – sie brauchte Material! Ich wollte nichts mehr dem Zufall überlassen. Der Glaube und die Hoffnung an das Gute im Menschen reichten in meinem Fall definitiv nicht aus. Immerhin so viel hatte ich gelernt…

# Mittwoch, 25. Mai 2016 – Einspruch

Der Einspruch gegen meine Kündigung war eingereicht. Am letzten Tag der entsprechenden Frist. Diese Anwälte! Alles auf den letzten Drücker. Ich muss zugeben, meine Nerven wurden diesbezüglich zusätzlich stark belastet. Aber nun war ja alles gut.

## Freitag, 27. Mai 2016 – verlängert

Ich schickte Chef Personal und Chef 3 (Chef 2 war nicht erreichbar) eine E-Mail Nachricht, dass ich wieder gesund und voll arbeitsfähig sei. Ich bat sie, die Freistellung aufzuheben, damit ich wieder meine Arbeit ausüben könnte.

Dieses Ansinnen von mir wurde umgehend von Chef 3 abgelehnt.

Aber ich erhielt von Chef 3 und Chef Personal am 6. Juni ein Bestätigungsschreiben, dass die Kündigungsfrist, bedingt durch meine Krankschreibung um einen Monat, bis zum 31. August, verlängert sei.

# Freitag, 10. Juni 2016 – Chef 4

Meine erste Besprechung bei – und mit – Chef 4!
Zwar erst 50 Tage nachdem er von meinem Problem Kenntnis erhalten hatte, aber immerhin.
Anwesend waren Chef 4, ein Rechtsexperte der Firma, meine Anwältin und ich. Ging ganz schnell. Kein drum rumreden. Nur Fakten. Nur sachbezogen. Chef 4 hatte nicht viele Fragen (er hatte sich von meiner Anwältin schon vorgängig die nötigen Informationen geholt. Und natürlich auch intern bei den zuständigen Respektspersonen, Chef Personal, Chef 2 und Chef 3).

# Juni 2016 bis August 2016 – zurückgezogen

Der Rest ist schnell erzählt. Chef.4 gab noch einige Abklärungen in Auftrag, die Kündigung wurde zurückgezogen und ich in eine andere Abteilung versetzt. Dort konnte ich die Arbeit per 5. September wieder aufnehmen.

Als „Bestrafung" für ihr Unvermögen, muss Chef 3 (also ihre Abteilung – schade!) weiterhin für meinen Lohn aufkommen. (Bis zu meiner Pensionierung dauert es immerhin noch drei Jahre!)

# Zusammenfassung

Ich habe mich gewehrt gegen die Schikane meines Chefs an meiner Person. Ich wollte Gerechtigkeit. Der zuständige Personaldienst sowie alle anderen Instanzen, welche grundsätzlich für Gerechtigkeit am Arbeitsplatz einstehen sollten, haben versagt, respektive waren nicht an einer Aufklärung interessiert und haben diese sogar erfolgreich verhindert.

Da ich nicht gewillt war, aufzugeben und durchblicken ließ, dass ich auch vor einer gerichtlichen Auseinandersetzung nicht zurückschrecken würde und den obersten Chef in dieser Sache um Hilfe bat, lenkte der dann ein und sorgte dafür, dass ich wieder einen gesicherten Arbeitsplatz erhalten habe. Und dies rechne ich ihm hoch an. Aber ich mache mir keine Illusionen: Aus lauter Nächstenliebe hat er das nicht gemacht ...

Es wurde weder Recht angewendet, noch ist mir Gerechtigkeit in dieser Sache widerfahren. Das Einzige, was passierte ist, dass die größte Ungerechtigkeit, nämlich meine drohende unverschuldete Arbeitslosigkeit, verhindert wurde.

Ich habe meine Arbeit, die ich sehr gerne machte, verloren. Unverschuldet!

Ich habe jetzt zwar eine Aufgabe, welche mich wieder neu herausfordert, aber die entspricht bei Weitem nicht meinen Ausbildungen, Erfahrungen und meinem Ideal.

Und der Ursprung und Verursacher des ganzen Schlamassels – mein Chef?

Was ist mit ihm?

Nun, der klebt immer noch an seinem Arbeitsplatz fest und kann fröhlich weitermachen. Er darf weiter Mitarbeiter, welche ihm nicht mehr in den Kram passen, schikanieren und quälen. Er darf weiter Leid und Verzweiflung säen. – Und er wird! Er war schließlich erfolgreich! – Er darf weiter Abwesenheiten durch Krankheit und riesige Folgekosten produzieren. Dabei beschützen und unterstützen ihn seine Helfershelfer mit Sicherheit weiter. Und das größte Unverständnis

überhaupt: Die Firmenbosse unternehmen rein gar nichts dagegen! –
Da kommt direkt die Frage auf:
 Worin besteht der Profit von auf diese Weise praktiziertem Personalaustausch?
 Tolle Arbeitswelt! Toller Fortschritt! Es lebe die Konkurrenz und die Gier nach Macht und Reichtum!

*[… Wer die Macht bekommt, benimmt sich abweisender als zuvor und gewöhnt sich in der Regel an, alle Situationen und Menschen zur Befriedigung seiner eigenen Bedürfnisse zu nutzen. Wen die Macht verblendet, der sieht nicht mehr, wie idiotisch er sich verhält.*
*Sutton schrieb ein Buch über Personen in der Arbeitswelt, die er Arschlöcher nennt. Die Arschlöcher machen unsere Arbeitsumgebung unzivilisiert. Sutton zufolge braucht niemand schlechtes Benehmen zu tolerieren. Häufig zeichnen sich jedoch gerade Führungskräfte durch schlechte Manieren aus. Sie werden nicht nur besser bezahlt, sondern fordern obendrein ständig Ehrerbietung und Schmeichelei …]*
Aus: „Kann mir bitte jemand das Wasser reichen?", Ari Turunen, 2010

# Gesundheit

Nun, meine Depressionen sind wieder weg. Zum Glück! Also fast weg ...
Ich schlafe auch wieder besser. Ich wache nachts zwar immer noch mit Herzrasen und Zitteranfällen schweißgebadet auf. Bis danach mein Organismus wieder auf Schlafen umschalten kann, dauert es dann für gewöhnlich etwa zwei Stunden. Die Häufigkeit nimmt aber zum Glück ab.
Dazu habe ich auch noch eine blödsinnige Unsicherheit entwickelt. Schon bei den kleinsten „Unregelmäßigkeiten" reagiere ich mit einem roten Kopf und extremen Schweißausbrüchen. Ich kann nur hoffen, dass sich das mit der Zeit wieder legt. – Ich arbeite daran.
Und ich bin noch lange nicht „über dem Berg". Es vergeht kein Tag, an dem ich nicht an meine hier gemachten Erlebnisse und die damit verbundenen maßlosen Ungerechtigkeiten denken muss. Zweifelsohne hat das aber auch damit zu tun, dass ich dieses Buch schreibe: Täglich bin ich von Neuem mit dem Erlebten konfrontiert. Aber dies hilft mir bei der Verarbeitung – und ich kann vielleicht eines Tages „vergessen".
Hoffe ich ...

# Kosten

Während meiner Freistellung konnte für mich kein Ersatz eingestellt werden (interne Regelung, Stellenprozente, Budget). Das bedeutet, dass die Arbeiten, welche ich nicht erledigen konnte, extern vergeben werden mussten. Dazu kommen die noch verbleibenden drei Jahre bis zu meiner Pensionierung, während welcher von der Abteilung mein Lohn weiterbezahlt werden muss. Auch die Juristen, die vielen sinnlosen Besprechungen, die Kosten durch Ausfälle wegen Arbeitsunfähigkeit etc. sind nicht zu vernachlässigen.

Summa Summarum verursachte diese „Übung" vom Chef Kosten in Höhe von mindestens CHF 500'000.--!

Der Chef muss wirklich sehr, sehr, sehr, sehr, sehr, sehr, sehr, sehr gut sein!

Was würden wohl die Steuerzahler zu so einem Geldvernichtungssystem sagen, wenn sie Kenntnis solchen Verhaltens in einer staatlichen Institution erhalten würden?

Und was denken Sie, liebe Leser, könnte sich ein Kleinbetrieb solche Praktiken leisten?

# Chef/Arbeitgeber

Das Erlebte erweckt bei mir den Verdacht, dass hier methodisch vorgegangen wurde. Es ist für mich auch denkbar, dass, sogar auf Anweisung von ganz oben, mit der gezielten Anwendung des Bossing Personalaustausch praktiziert wird.

Mein Vorgänger wurde, wie Sie wissen, vom Chef ebenfalls rausgeekelt.

Zwei meiner Mitarbeiter haben gekündigt (sind gegangen worden), weil ihnen etwas versprochen wurde, was letztlich (vom Chef?) nicht eingehalten worden war.

Bossing wurde auch probiert mit Kollege 2. Der zeigte sich aber widerstandsfähig, respektive hat sich wohl irgendwie mit dem Chef geeinigt.

Ein anderer Mitarbeiter hatte gesundheitliche Probleme und musste sich verschiedenen Operationen unterziehen. Nach einigen Auszeiten wollte er dann jeweils wieder arbeiten. Das verweigerte ihm der Chef mit der Begründung, dass es zu wenig Arbeit für ihn gebe. Dies wurde so lange praktiziert, bis ihm „rechtlich abgesichert" gekündigt werden konnte.

Zwei weitere Chefs von anderen Abteilungen wurden, nach meinen Informationen, im Herbst 2016 ebenfalls zum sofortigen Verlassen der Firma genötigt. Der eine hat wohl eine Vereinbarung (Kaufvertrag mit sechs Monaten Freistellung, inklusive Arealverbot) unterzeichnet. Vom zweiten ist mir nichts weiter bekannt.

Bekannt ist mir aber auch noch ein Fall, wo ein Kollege von einer anderen Abteilung gekündigt hat, weil er „Probleme mit den Chefs da oben" hatte.

Des Weiteren habe ich gerade erfahren, dass sich eine Mitarbeiterin (einer anderen Abteilung) genötigt fühlte, unseren Arbeitgeber zu verlassen. Was war passiert? Nun, sie hatte sich bei der Arbeit zweimal körperliche Beschwerden zugezogen, welche behandelt und therapiert werden mussten. Jeweils mit etwa vier Wochen Arbeitsausfall. Dann wurde intern eine Stelle frei, welche nicht so hohe Ansprüche an die körperliche Konstitution stellte und die diese Mitarbeiterin aufgrund ihrer Ausbildung und Fähigkeit problemlos hätte ausüben können. Sie bewarb sich – und wurde mit fadenscheinigen Begründungen abgelehnt.

Man darf sich bei unserem Arbeitgeber offenbar gerne zu Tode schuften, und dann, wenn man krank ist – interessiert dies am allerwenigsten unseren Arbeitgeber. Traurige Tatsache, aber wahr. Zu ihrem Glück hat diese Mitarbeiterin aber eine andere Anstellung gefunden. Dies alles passierte im Laufe von vier Jahren. Und es ist nur das, was mir persönlich bekannt ist. Und diese „Fälle" sind allesamt Mitarbeitern passiert, welche nicht einfach und kommentarlos alles hinnehmen, was ihnen unterstellt, untergeschoben, vorgeschrieben, verboten und weggenommen wird. Und die Chefs kleben auf ihren Sesseln fest ...

Der Einzige, welcher nicht mehr klebt, ist Chef 2. Der hat sich, noch während ich mich gegen meine Kündigung wehrte, von seinen Mitarbeitern und Kollegen verabschiedet (original ...):

*Von: Chef 2*
*Gesendet: Mittwoch, 11. Mai 2016 10:46*
*An: Mitarbeiter*
*Cc: Kollegen und Vorgesetzte*
*Betreff: Berufliche Neuorientierung*

*Liebe Mitarbeitende, liebe Arbeitskolleginnen und -kollegen*

*Ich teile euch mit, das ich mich entscheiden habe, meine Anstellung bei* ▬ *per Ende Juni zu kündigen. Ich werde Anfangs August die Geschäftsleitung der* ▬ *und der* ▬ *übernehmen. Die Neuorientierung kam auch für mich überraschend und der Entscheid fiel mir nicht einfach. Die Möglichkeit im* ▬ *– meinem zweiten beruflichen Ausbildungsfeld – eine Geschäftsleiterfunktion anzunehmen, ist jedoch eine einzigartige Chance für mich.*
*Meine Zeit bei* ▬ *war herausfordernd und spannend. Der sehr abwechslungsreiche Geschäftsbereich* ▬ *und die Arbeit mit meinen Mitarbeitenden und Kollegen haben mir viel Freude gemacht. Ich freue mich auf eine weiterhin gute Zusammenarbeit bis Ende Juni.*

*Freundliche Grüße*
*Chef 2*
*Geschäftsbereichsleiter*

Zufall?

# Recht und Gerechtigkeit

Wie schon angedeutet, kamen weder Recht noch Gerechtigkeit zur Anwendung. Es wurde lediglich Schadensbegrenzung versucht. Ich wurde in eine Situation manövriert, in der ich froh war, wenigstens vor einem kompletten Ruin bewahrt zu werden.

Und ich wurde nur deshalb davon verschont, weil mein Arbeitgeber keine Publicity wollte und weil ein hoher Vorgesetzter letztendlich diese Gefahr erkannte.

Die im Gesetz verankerte Pflicht, dass der Arbeitgeber die Gesundheit seiner Angestellten zu schützen und zu verbessern hat, wurde ignoriert. Das Recht, welches ein Arbeitnehmer in der Folge hat – nämlich, dass abgeklärt wird, ob seine Gesundheit geschützt wurde oder nicht – wurde mir verweigert.

# Freunde

… hat man nicht viele. Am Ende bleiben etwa zwei Prozent an Anständigen. Viele der „Unanständigen" sind aber sehr wohl zu verstehen. Denn diese haben ja „nur Angst", ihre Arbeit zu verlieren. Mit den Anständigen versuche ich möglichst lange irgendwie Kontakt zu halten.

*[… Welche Freundschaften werden sich auflösen, wenn Sie Ihren gegenwärtigen Status verlieren? …]*
Aus: „Fragen an das Leben" von Rolf Dobelli, 2014

# Schlussfolgerung

Wo gemobbt wird, ist etwas im Argen.

Ein Vorgesetzter, der von seinen „Untergebenen" gemobbt wird (Staffing), ist entweder ein Weichei oder eben – frei nach Sutton – ein Arschloch.

Weicheier haben aber heutzutage kaum mehr eine Chance, Chef zu werden, und wollen auch von sich aus möglichst schnell ihre Funktion wechseln. Ihre möglicherweise mobbenden Mitarbeiter helfen ihnen lediglich dabei.

Die verbleibenden Staffingopfer (also die Arschlöcher) sind mit Attacken gegen ihre Person mit Sicherheit nicht zu beeindrucken. Sie ignorieren dies ganz einfach (da frei von Empathie) oder schreiten gar zum Gegenangriff.

Es ist mir zuwider, es sagen zu müssen, liebe unfähige und unanständige Vorgesetzte, aber euch droht leider absolut keine Gefahr gemobbt zu werden. Denn Mobbing kann es nur geben, wenn das ausgewählte Opfer auf die Attacken mit Rückzug und „Selbstschuldzuweisung" reagiert.

Wenn ein Mitarbeiter von einem Gleichgestellten gemobbt wird (Mobbing), gibt es zwei Möglichkeiten für das Opfer.

Entweder er löst das Problem auf faire Art und Weise zusammen mit anderen Mitarbeitern und/oder mit dem fähigen Chef.

Oder er durchlebt die Hölle, weil sein Chef unanständig und unfähig ist.

Der Mitarbeiter, der von seinem Vorgesetzten gemobbt wird (Bossing), hat nur die eine Möglichkeit: ab durch die Hölle!

Der Chef als Täter kann seine ganze Macht und das Wissen (Personalakte) über sein ausgewähltes Opfer zum Mobben einsetzen.

Sich zu wehren ist da nur sehr beschränkt möglich. Gerechtigkeit und die Anwendung von Recht und Gesetz findet nicht oder nur äußerst selten statt, weil dem Täter so gut wie nie etwas nachgewiesen werden kann und weil die Chefs wiederum mit ihren Chefs meist stark vernetzt und verbunden sind. Man kennt sich ...

Ein Arbeitstagebuch zu führen ist zwar sicher hilfreich, aber sobald ein Opfer das tut, ist es quasi auf „Lauerstellung" – und damit übersensibel. Also: Achtung, liebe Opfer!

Aus einem Mobbing-Teufelskreis einigermaßen unbeschadet herauszukommen braucht ein riesiges Selbstvertrauen sowie endlose Selbstmotivation. Und je nach gesundheitlicher Konstitution, Unterstützung vom sozialen Umfeld, Willen und Hoffnung, gelingt dies besser oder schlechter.

Ein Anwalt kann helfen, sich durch die Gesetze zu hangeln und vielleicht den nötigen Druck auszuüben. Der eigenen Gesundheit und dem Geldbeutel zuliebe verzichten die meisten Opfer aber auf eine gerichtliche Durchsetzung ihres Rechts. Und dies wissen natürlich die Täter ganz genau.

*[Es ist besser Unrecht zu erleiden, als Unrecht zu begehen.]*
Platon; griechischer Philosoph, 428 bis 348 v.Chr.

# Was danach noch geschah

Am 14. September 2016 sandte ich die folgende Mail an weit über 300 meiner Ex-Arbeitskollegen:

*Hallo zusammen*
*Ich bin wieder da!*
*Einige von euch haben sich vielleicht gefragt, warum ich ab dem 19. März 2016 plötzlich nicht mehr für sie zur Verfügung stand. Sang- und klanglos weg – passt doch nicht zum Ehrenmann!*
*Nun, nach „einigen Differenzen" mit Vorgesetzten in den vorangegangenen zwei Jahren wurde ich am Vormittag des 18. März 2016 per sofort „vorübergehend von der Arbeit freigestellt".*
*Nach ein paar darauffolgenden Besprechungen und Verhandlungen wurde mir dann leider sogar die Anstellung gekündigt. Dies, obschon ich meine Arbeit immer zur allgemeinen Zufriedenheit ausgeführt hatte.*
*Selbstverständlich akzeptierte ich diese Kündigung nicht, da sie völlig haltlos war.*
*Nach meiner begründeten Einsprache wurde dann die Kündigung auch wieder zurückgezogen.*
*Nun bin ich in der „glücklichen" Lage, dass mir Chef 4 zu einer Anstellung als „■■■" verholfen hat. Diese Arbeit ist eine neue Herausforderung für mich, welche ich seit diesem Monat, nach einer sehr schwierigen und langen Zeit der Ungewissheit, mit großer Freude ausübe.*
*Ich bedanke mich hiermit bei allen, welche ich als Kollegen, Freunde und hoffentlich zufriedene Kunden, an der ■■■, (oder vielleicht auch nur am Telefon) kennenlernen durfte. Und wer mag, darf sich auch mal bei mir melden. Ich würde mich freuen.*
*Und die, die ich hier nicht angeschrieben habe, mögen mir bitte verzeihen.*
*Haltet die Ohren steif, die Augen offen und den Kopf hoch!*
*Freundliche Grüße*
*Guido*

Nun, gerade mal knapp 30 haben auf diese Mailnachricht reagiert ... Nachfolgend eine kleine Auswahl:

*Gesendet: Mittwoch, 14. September 2016, 18:49*

*Lieber Guido*
*Danke für deine Mail.*
*Ich empfand es immer als sehr angenehm, mit dir zusammenzuarbeiten! Ich wünsche dir einen guten Start und weiterhin viel Freude in ▮!*
*Vielleicht laufen wir uns ja mal wieder über den Weg.*
*Lieber Gruß*
*Adrian*


*Gesendet: Donnerstag, 15. September 2016, 06:55*

*Guten Morgen Guido*
*Diese Nachricht hat mich sehr gefreut. Für mich und viele andere war das Ganze von Anfang an mehr als seltsam. Nun diese Genugtuung für dich, die du auch ehrlich verdient hast.*
*Ich wünsche dir weiterhin viel Freude und Spass an deiner neuen Arbeit.*
*Wünsche dir einen schönen Tag und ein gutes Wochenende, bis irgendwann mal persönlich, was mich freuen würde.*
*Mit ganz herzlichem Gruß*
*Hans*


*Gesendet: Donnerstag, 15. September 2016, 07:03*

*Sali Guido*
*Ich gratuliere dir für deine ehrliche Stellungnahme. So was gehört in die Öffentlichkeit, bravo.*
*Ich wünsche dir alles Gute bei deiner neuen Arbeit.*
*Freundliche Grüße*
*Martin*

*Gesendet: Donnerstag, 15. September 2016, 09:47*

*Hoi Guido*
*Ach, wie habe ich dich vermisst. Schön, bist du wieder da. Ich konnte mir die Situation nicht erklären. Zuerst dachte ich, Mitarbeiter 1 hätte dich im Keller eingesperrt.*
*Nun bin ich froh, dass du beim ▮▮▮ einen Platz gefunden hast und noch einige Jahre dem geordneten Berufsleben nachgehen kannst.*
*Ich hoffe, wir sehen uns mal wieder.*
*Liebe Grüße*
*Dora*


*Gesendet: Freitag, 16. September 2016, 07:48*

*Guten Morgen Guido*
*Danke, dass du mich über deine Situation informiert hast. Habe mich gefreut, etwas von dir zu hören. Oft habe ich bei Mitarbeitern von ▮▮▮ nachgefragt, wo du bist und ob du gesundheitliche Probleme hast. Von niemandem habe ich eine klare Antwort erhalten. Bin froh, dass es dir gut geht.*
*LG*
*Alex*


*Gesendet: Freitag, 16. September 2016, 09:04*

*Hallo Guido*
*Es ist schön, von dir zu hören. Es tut mir sehr leid, dass es am Ende bei ▮▮▮ so blöd und unfair für dich gelaufen ist. Aber es freut mich auch von ganzem Herzen, dass du eine neue Anstellung gefunden hast.*
*Ich drücke dir ganz fest die Daumen, dass am Ende alles gut kommt für dich und habe natürlich die gleichen Anliegen an dich wie du für uns ... " Halte die Ohren steif, die Augen offen und den Kopf hoch!"*
*Alles Liebe und lass mal wieder etwas von dir hören.*
*Liebe Grüße – Manuela*

*Gesendet: Dienstag, 20. September 2016, 13:15*

*Lieber Guido*
*Es freut mich, von dir zu hören!*
*Mir ging es exakt so, wie du es beschrieben hast.*
*Wo ist er denn? Was ist da schiefgelaufen?*
*Ich finde es gut, dass du deine Sicht der Dinge auf diesem Wege darlegst.*
*Wie auch immer: Wichtig ist doch, dass die Sache nun positiv ausgegangen ist.*
*Ich wünsche dir eine gute Zeit beim* ▬▬ *– und hoffe auf ein Wiedersehen zu gegebener Zeit.*
*Grüße*
*Viktor*


Immerhin einige wenige Wagemutige haben sich getraut, sich ganz vorsichtig zur Sache zu äußern.
Mitte November habe ich dann die folgende Mail an diese 30 „Solidarischen" versandt:

*Gesendet: Montag, 14. November 2016, 12:11*
*Betreff: Einladung zum Apéro*

*Sali miteinander.*

*Gerne lade ich euch zu meinem Abschiedsapéro ein.*

*Wann: Freitag, 2. Dezember 2016, ab 16:30 Uhr*
*Wo: Noch nicht festgelegt – je nach Anzahl der Anmeldungen*
*Ich bitte euch, um An-/oder Abmeldung bis spätestens 18. November (einfach diese Mail retour mit dem Hinweis „Ja, ich komme sehr gerne!")*
*Ich würde mich sehr freuen über eure Teilnahme!*

*Guido*


Nun, am „Feier"-Abend waren dann, mich eingerechnet, ganze sieben Personen anwesend ... So viel zu den lieben Freunden!

Wir haben an diesem Abend, wie Sie sich sicher vorstellen können, getratscht und geklagt, was das Zeug hält.

Erwähnenswert scheint mir in diesem Zusammenhang diese eher seltsame Begebenheit, welche mir erzählt wurde: Kollege 2 (das ist der, welcher Jahre zuvor auch schon mal vom Chef „attackiert" wurde) ermahnte die, die an diesem Abend mit mir Abschied feierten, angeblich mit etwa den Worten: „Passt gut auf. Ihr müsst selber wissen, was ihr macht. Nicht dass euch daraus später Nachteile entstehen – eventuelle Konsequenzen müsst ihr selber tragen!!"
Was dachte sich Kollege 2 nur? Eine solche Einmischung in das Privatleben seiner Mitarbeiter, gepaart mit einer so plumpen Drohung, kann ich nur als primitiv werten. Als sehr primitiv!
Und wie kam er überhaupt dazu, diese Äußerung von sich zu geben? Was oder wer war sein Antrieb? – Werte Leser, Sie dürfen gerne raten. Wenn es ihnen Spaß macht, auch zweimal – oder dreimal …

**Zweiter Teil**

## Beratungsstellen

Wie auch schon erwähnt, können Beratungsstellen nicht vor Mobbing schützen. Wie auch? Wenn wir merken, dass wir gemobbt werden, ist es schon zu spät. Oder anders ausgedrückt: Wenn ein Täter den Entschluss fasst, ein Opfer zu attackieren (aus welchen Gründen auch immer), dann will und wird dieser Täter dies tun und ist dem Opfer ganz sicher nicht (mehr) gut gesinnt. Und dies kann niemand mit einer Beratung rückgängig oder gar ungeschehen machen.

Die Beratungsstellen können Sie nur dahingehend beraten, wie Sie sich nach Ihrer verlorenen Schlacht am besten erholen.

# Der Psychopath

… oder Narzisst, Egomane, Egozentriker, Soziopath, Despot, mitleidloser Familiendiktator, willkürlich herrschender Chef, Sadist, Hochstapler und andere mehr.

Gemäß meinen Recherchen und Erfahrungen bezeichnen die folgenden Eigenschaften typischerweise den Charakter eines Psychopathen (die Aufzählung ist nicht abschließend):

- Vermittelt den Eindruck, dass er unersetzlich ist
- Spricht hinter dem Rücken schlecht über andere
- Macht andere lächerlich
- Verhält sich manipulativ
- Kann andere glaubhaft als „verrückt" darstellen, bis diese innerlich verzweifeln
- Suggeriert anderen ein schlechtes Gewissen („… ich bin maßlos von dir enttäuscht")
- Demonstriert Überlegenheit (z. B. Füße auf dem Tisch, Hände über dem Kopf verschränkt)
- Hat Kontrollwahn
- Hält sich selber nicht an die von ihm geforderte Loyalität/Integrität
- Ist nicht kritikfähig, kann nicht mit konstruktiver Kritik umgehen
- Ist ein egozentrischer Wüterich, der anderen Angst einflößt
- Kennt weder Furcht noch Mitleid und ist kalt gegenüber seinen Mitarbeitern
- Stellt hohe Ansprüche
- Reagiert unkalkulierbar
- Nimmt für sich selber immer eine Sonderbehandlung in Anspruch
- Macht niemals selber Fehler; schuld sind immer die anderen
- Liebt riskante, spektakuläre Projekte
- Trifft Entscheidungen allein oder höchstens im Kreis engster Vertrauter
- Lebt nach dem Grundsatz, dass er alles kann, alles weiß, alles darf, alles will und alles bekommt
- Kennt weder Scham noch Schuld oder Reue
- Ist frei von der Fähigkeit zu Empathie

- Hat keine Toleranz gegenüber Andersdenkenden – höchstens gegenüber „seinen" Jasagern

Wenn Sie einen Kollegen oder Vorgesetzten anhand einer oder mehrerer dieser oder ähnlicher Eigenschaften als Psychopathen erkennen, seien Sie auf der Hut, er könnte Ihnen gefährlich werden.

Ebenfalls gemäß meinen Recherchen sollen mehr als drei Prozent der Bevölkerung in den Industriestaaten Psychopathen sein. Und je höher in der Führungsebene angesiedelt, desto häufiger seien diese Psychopathen vertreten. – Dies scheint mir logisch und nachvollziehbar:
- Menschen wie oben beschrieben suchen sich einen Platz in der Arbeitswelt, an dem sie sich in den Vordergrund stellen und ihre hervorstechendsten Eigenschaften möglichst voll ausleben können.
- In der heutigen Arbeitswelt wird leider ein Führungsstil verlangt, der sehr viele der Eigenschaften aus obiger Auflistung beinhaltet.
- Erschreckend zu viele der heutzutage amtierenden Vorgesetzten sind machthungrig und/oder geldgeil.

Auch aufgrund dieser Tatsachen kann man abschätzen, dass mindestens jeder zweite Psychopath eine Vorgesetztenposition ausübt.

Man darf ruhig davon ausgehen, dass der Hauptteil der Psychopathen in mittleren bis großen Unternehmungen sowie in staatlichen Organisationen tätig ist. Denn Kleinbetriebe können es sich in der Regel nicht leisten, sich ihre Mitarbeiter durch Psychopathen abspenstig machen zu lassen.

Zusammenfassend denke ich, dass die Anzahl der Psychopathen in Vorgesetztenpositionen von null Prozent in Kleinstbetrieben bis hundert Prozent in Großbetrieben kontinuierlich ansteigt. Das bedeutet für die Mitarbeiter in Großunternehmen, dass ihr jeweiliger Vorgesetzter mit an Sicherheit grenzender Wahrscheinlichkeit ein Psychopath ist.

(Und die Psychopathen, welche hier keinen Platz finden, fristen ihr Dasein dann leider in der politischen Landschaft.)

Aber Achtung! Nicht jeder Psychopath will seinen Mitarbeitern Schaden zufügen. Ganz sicher sind auch einige darunter, die mit ihren Angestellten anständig und respektvoll umgehen. Ich kenne selber ein paar davon.

Gemäß den neuesten Forschungsergebnissen sind Psychopathen nicht therapierbar.

# Wie wichtig bin ich?

Ameisenstaaten bestehen aus ein paar Hundert bis ein paar Millionen Individuen. Kolonien sogar bis zu einigen Milliarden. Und jede einzelne Ameise hat die Aufgabe zu erfüllen, für welche sie bestimmt worden ist. Und sie tut diese Arbeit mit dem ganzen ihr möglichen Einsatz. Das können Sie, liebe Leser, unschwer selber feststellen. Zum Beispiel im Sommer, wenn sie einen Ameisenhaufen an einem Waldrand oder eine Ameisenstraße durch ihre Küche beobachten.

Nun nehmen Sie – mental – eine dieser Ameisen von deren Arbeit weg und zerquetschen sie. Was ist zu beobachten? Was passiert mit dem Rest des Ameisenvolkes? Gibt es Unruhe? Funktioniert irgendetwas nicht mehr so wie vor dem tragischen Hinscheiden dieser einzelnen, unglückseligen Ameise?

Nein. Nichts ist zu beobachten. Keine Veränderung. Alles wie vorher.

Sehen Sie, werte Leser. Und genauso verhält es sich auch bei uns Menschen.

*[... Wie lange, glauben Sie, wird man Sie nach Ihrem Tod vermissen? (Angabe in Tagen) ...]*
Aus: „Fragen an das Leben" von Rolf Dobelli, 2014

# Pareto Prinzip

Die 80-20-Regel (auch Pareto Prinzip) im Arbeitsleben besagt, dass 80 Prozent des Geforderten mit 20 Prozent Zeiteinsatz erreicht werden.

Und somit können die 80 Prozent des Zeiteinsatzes, welche noch nötig wären, um die restlichen 20 Prozent bis zur vollen Zielerreichung zu erhalten, gespart werden, denn 80 Prozent Qualität muss reichen! Dies erhöht die Effizienz und die Rendite. Unbestritten.

Nach meiner Erfahrung erreichen wir aber mit der Anwendung dieses Systems eine kontinuierliche Verschlechterung der Produkte und Dienstleistungen, bis zu deren Unbrauchbarkeit.

Sie fragen sich: Ja warum denn das?

Nun, wenn man sich notgedrungen (weil ja nichts Besseres geliefert wird) mit den 80 Prozent Qualität zufriedengeben muss, wird es nicht lange dauern, bis man diese 80 Prozent als das Beste auf dem Markt akzeptiert/wahrnimmt. Und schon sind diese 80 Prozent zu 100 Prozent geworden. – Und jetzt raten Sie mal, wie es weitergeht.

Richtig: Die nächste Lieferung nach der 80-20-Regel bringt nun 80 Prozent der 80 Prozent – also sind wir bereits bei lausigen 64 Prozent des ursprünglich Geforderten angelangt. Nach gerade mal zweimaliger Anwendung dieser tollen Regel.

Was glauben Sie, liebe Leser, wie lange mit dieser „Technik" die Effizienz und die Rendite erhöht werden kann? Zwanzig, zehn, fünf Jahre? ...

Und wenn Sie nur ein bisschen aufmerksam sind, begegnen Ihnen die Ergebnisse, welche die Anwendung dieser Regel erwirken, überall in Ihrem Leben. Nicht zuletzt auch in der Politik.

Und woher kommen wohl die vielen Firmen-, Bank- und Staatsbankrotte?

Ich selber arbeite fast ausnahmslos nach der Regel:
*So viel wie nötig – wenn nötig 100.*

Oder, wie angeblich schon Albert Einstein sagte:
*[Tue alles so einfach wie möglich – nicht einfacher!]*

# Mitarbeiterbeurteilung heute

Jahres-Beurteilung, Reflexionsgespräch, Zielvereinbarung, Mitarbeiter-Gespräch – diese oder ähnliche Ausdrücke kennt heutzutage jeder Arbeitnehmer nur zu gut.

Ich selber habe auch seit etwa zwanzig Jahren solche Gespräche mit meinen Vorgesetzten sowie auch mit den mir unterstellten Mitarbeitern geführt. Und ich habe bis zum heutigen Tag noch niemanden kennengelernt, der von dieser „neumodischen" Art der Mitarbeiter-Beurteilung auch nur einigermaßen überzeugt gewesen wäre. Mich eingeschlossen.

Nun, nicht dass Sie mich falsch verstehen, ich habe überhaupt nichts gegen Mitarbeiterbeurteilungen. Die sind nötig, damit alle Beteiligten wissen, wer wo steht, und wie möglicherweise Verbesserungen realisiert werden können. Aber so wie dies heutzutage umgesetzt wird, kann es nie zufriedenstellend funktionieren.

Fehler 1: Die Anforderungen in den Bewertungen der jeweiligen Ziel-Erreichung (mancherorts sind bis zu sechs Stufen möglich) werden überwiegend so gewählt, dass die beiden besten Stufen kaum erreichbar sind. Das heißt, dass die drittbeste Stufe einen Mitarbeiter auszeichnet, welcher die Anforderungen an ihn zu 100 Prozent erfüllt. Auch wenn dies dem jeweiligen Mitarbeiter bewusst ist, bleibt bei ihm die Botschaft hängen: „Scheiße, nur Drittbester!" (Fragen Sie einen Psychologen, was das bewirken kann.) Die beiden besten Stufen sind eigentlich völlig unnötig für die Beurteilung – nicht aber für den daran gekoppelten Lohn-Verteilschlüssel. Warum ist das wohl so?

Fehler 2: Die Verteilung der Einstufungen muss, gemäß Carl Friedrich Gauss, der nach ihm benannten Gaussschen Glockenkurve entsprechen. Dies ist noch kein Fehler. Der Fehler ist, dass meistens schon in den kleinsten Arbeitsgruppen penibel darauf geachtet wird, dass diese Verteilung bereits während den Beurteilungen eingehalten wird. Die Verantwortlichen (Vorgesetzte, Personalabteilung) verlangen dies auch durchaus so. Richtig aber wäre, die Verteilung nach Eingang sämtlicher Beurteilungen zu untersuchen und je nach Ergebnis entsprechende Korrekturmaßnahmen zu ergreifen. Da dies aber nicht möglich ist (siehe Fehler 3), wird eine optimale Verteilung der Einstufungen schon beim Ausfüllen der Beurteilungs-Formulare erzwungen. Bockmist!

Fehler 3: Um firmenübergreifend alle Mitarbeiter gleich fair und gleich aussagekräftig beurteilen zu können, müssten alle Mitarbeiter die gleichen Voraussetzungen erfüllen. Gleich alt, gleich fit, gleich leistungsfähig, die gleiche Arbeit ausführen, den gleichen Lohn erhalten, gleich viel Erfahrung im ausgeführten Beruf haben, dem Vorgesetzten gleich sympathisch sein, und den gleichen Vorgesetzten haben, welcher die Beurteilungen vornimmt. – Dass dies schlicht unmöglich ist, ist sicher jedem klar. Auch denen, die sich solche Systeme ausdenken. Also wird halt gemurkst. Wir Deppen merken es ja sowieso nicht.

Wie wäre es mit etwas Individualität und ... Vertrauen?

*[... Ständig wird von der Produktivität der Arbeit gesprochen und kompetenten Menschen vorgeworfen, sie seien zu teuer für die Volkswirtschaft. Menschen werden beurteilt und benotet, sie werden seltsamen Indikatoren unterworfen. Ein Feuerwehrmann löscht Brände, aber die Anzahl der gelöschten Brände taugt doch nicht als Maßstab. Oder doch? ...]*
Aus: „Kann mir bitte jemand das Wasser reichen?", Ari Turunen, 2010

# Vertrauen

Es wird davon ausgegangen, dass alle Mitarbeiter unselbstständig sind, und entsprechend „Führung" brauchen. Dazu wird sehr gerne das System „Zuckerbrot und Peitsche" sowie auch das vorgängig besprochene System der Mitarbeiter-Beurteilung angewendet. Dies wird nur deshalb so praktiziert, weil Misstrauen vorherrscht.

Ich frage mich oft, warum es Menschen und Vorgesetzte gibt, die grundsätzlich niemandem vertrauen. Sind solche Leute einfach nur pessimistisch veranlagt, oder steckt da mehr dahinter?

Meine bisher gemachten Erfahrungen lassen da leider nur einen Schluss zu, nämlich den, dass dies fast ausnahmslos Personen sind, welche selber betrügen und tun oder lassen, was sie wollen. Sie scheren sich keinen Deut um die Belange und Wünsche anderer. Und darum, weil sie (wissen, dass sie) selber unzuverlässig und unehrlich sind, können sie sich einfach nicht vorstellen, dass es zuverlässige und ehrliche Menschen gibt (siehe: Der Psychopath).

# Arbeiter ohne Chef vs. Chef ohne Arbeiter

Vielleicht (oder eher wahrscheinlich) ist es Ihnen gar nicht bewusst, werte Chefs: Sie können nicht (über-)leben ohne „Ihre" Mitarbeiter! Denn die machen ja die ganze Arbeit (für Sie). Die sorgen dafür, dass Sie am Ende jeden Monats Ihr „wohl verdientes" Geld auf Ihrem Konto vorfinden. Immer wieder. Immer wieder. Immer wieder ...

Mitarbeiter aber können sehr wohl ohne „ihre" Chefs!

Sie können zum Beispiel einen Rasen mähen oder eine Steuererklärung ausfüllen, und im Gegenzug erhalten sie dann etwa einen Laib Brot oder eine frisch gebrühte Wurst.

Ihr Chefs schreit jetzt sicher auf und sagt: „Das können wir auch, eine Kuh schlachten oder ein Brot backen!" – Ja, sicher. Vielleicht könnt ihr das. Aber wenn ihr das tun müsst (um zu überleben), seid ihr nicht mehr Chef ...

# Recht und Gesetz

In der Schweiz steht in Artikel 328 OR (Obligationenrecht): [… Der Arbeitgeber ist verpflichtet, die Persönlichkeit der Arbeitnehmer zu respektieren und zu schützen …]

Im Arbeitsgesetz (AG), Verordnung 3, Artikel 2, gilt zudem der Grundsatz, dass der Arbeitgeber alle Maßnahmen treffen muss, die nötig sind, um den Gesundheitsschutz zu wahren und zu verbessern und die physische und psychische Gesundheit der Arbeitnehmer zu gewährleisten.

Die EU hat Maßnahmen eingeführt, um die Sicherheit und den Gesundheitsschutz der Arbeitnehmer zu gewährleisten. Die Richtlinie des Rates von 1989 (89/391) enthält die grundlegenden Bestimmungen für Sicherheit und Gesundheitsschutz bei der Arbeit. Sie verpflichtet den Arbeitgeber, dafür zu sorgen, dass die Beschäftigten nicht unter der Arbeit leiden. Das gilt auch für die Folgen von Mobbing. Alle Mitgliedstaaten haben diese Richtlinie in Rechtsvorschriften umgesetzt. Einige haben zusätzlich Leitlinien zur Verhütung von Mobbing entwickelt.

Zum Beispiel:
- In Deutschland kommt zusätzlich § 75 'Grundsätze für die Behandlung der Betriebsangehörigen' (Betriebs-Verfassungsgesetz) zur Anwendung, und
- In Österreich ist es § 1157 ABGB (allgemeines Bürgerliches Gesetzbuch), [der Schutz von Leben und Gesundheit der Arbeitnehmer …]

Somit ist jeder Arbeitgeber in den Euro-Staaten und in der Schweiz verpflichtet, seine Mitarbeiter auch vor psychischen und physischen Schäden als Folge von Mobbing zu schützen.

# Was ist Mobbing am Arbeitsplatz? – Und was sind die Folgen?

Mit dem Oberbegriff „Mobbing am Arbeitsplatz" bezeichnet man drei verschiedene Arten von Manipulation:
Das Rausekeln (oder der Versuch desselben) von Kollegen (Ranggleichen) nennt man Mobbing.
Das Rausekeln (oder der Versuch desselben) von Angestellten (Rangniedrigeren) nennt man Bossing.
Das Rausekeln (oder der Versuch desselben) von Vorgesetzten (Ranghöheren) nennt man Staffing.
Ganz sicher gehören Unstimmigkeiten und Meinungsverschiedenheiten nicht in die Kategorie Mobbing am Arbeitsplatz. Diese erzeugen vielleicht einen Streit. Vielleicht auch einen unschönen Streit. Aber Mobbing ist das nicht.
Auch Beschimpfungen und Beleidigungen, welche „in der Hitze des Gefechts" ausgesprochen werden, haben mit Mobbing nichts zu tun.
Solche Entgleisungen sind denn auch meistens mit einem Gespräch zwischen den Kontrahenten zu klären.
Und für Mobbing reicht der Täter alleine nicht aus. Es braucht dazu auch ein Opfer. Das heißt, die Zielperson muss auf die Attacken reagieren, sonst sind die Angriffe des Täters absolut nutzlos und verlaufen im Sande. Unglücklicherweise sind Mobbing-Opfer in der Regel jedoch stark empathisch veranlagte Menschen, welche entsprechend auf solche Angriffe reagieren.

In vielen einschlägigen Beraterbroschüren, Homepages, Ratgebern etc. wird Mobbing etwa so erklärt:
*[… Als Mobbing bezeichnet man negative Handlungen gegen eine Person und Verletzung deren Würde. Dies wiederholend über einen längeren Zeitraum. Ausgeübt durch eine oder mehrere Personen …]*
*[… Mit anderen Worten: ein zerstörerisches Verhalten am Arbeitsplatz …]*
*[… Wiederholt unfaires und bösartiges Verhalten gegen einen Mitarbeiter mit dem Ziel, ihn von seinem Arbeitsplatz zu verdrängen …]*
*[… Zerstören, rausekeln, vertreiben …]*

*[… Und Mobbing geschieht meist über einen verhältnismäßig langen Zeitraum von (mindestens) sechs Monaten und mehr …]*
*[… Die Folge ist im besten Fall, dass der Gemobbte die Anstellung kündigt und sich eine neue Arbeitsstelle sucht …]*

Ich definiere Mobbing, nach meinen gemachten Erfahrungen, etwas genauer:
*Mobbing am Arbeitsplatz hat einzig das Ziel, eine ausgewählte Person (Angestellter, Kollege, Vorgesetzter) dazu zu bringen, dass diese sich nicht mehr in der Lage fühlt, die Arbeit an diesem Arbeitsplatz weiter ausüben zu können.*
*Und Mobbing ist eine bewusste, geplante und bösartige Handlung, die so lange dauert, bis der Gemobbte die entsprechenden Konsequenzen zieht oder physisch/psychisch erkrankt.*

Und anders als allgemein dargestellt, bin ich nicht der Meinung, dass man erst von Mobbing reden kann, wenn die Angriffe „mindestens sechs Monate und länger" dauern. Wenn eine Zielperson zum Beispiel schon nach vier Wochen mit Konsequenzen reagiert und kündigt, muss meiner Meinung nach trotzdem von Mobbing gesprochen werden – nur eben von sehr effizientem Mobbing.

Und Mobbing am Arbeitsplatz ist nicht zu vergleichen mit anderen Mobbingarten wie zum Beispiel Mobbing zwischen Schülern oder Cybermobbing.

Es ist meiner Meinung nach ein Fehler in unserem Sprachgebrauch, dass verschiedene Delikte mit dem gleichen Wort umschrieben werden.

Die Folge ist dann zum Beispiel, dass man als Betroffener von Mobbing am Arbeitsplatz leider nicht mit dem gebührenden Ernst behandelt wird. (Im Sinne von: „Das machen die Kinder doch schon in der ersten Klasse. Das ist doch nicht so schlimm!")

Was kann ein extrem schikanierter Mitarbeiter tun, wenn er zum Beispiel wegen seines fortgeschrittenen Alters nicht mehr vermittelbar ist? Und/oder vielleicht über ein ausgeprägtes Gerechtigkeitsempfinden verfügt?

Nun, er hat verschiedene Möglichkeiten:
1) Er ist der Typus „Resistent" und reagiert nicht auf die Schikanen, respektive steckt sie weg. (In diesem Fall kann aber nicht mehr von

Mobbing gesprochen werden. Höchstens von einem Mobbingversuch.)
2) Er hat Glück und bekommt die Möglichkeit zu einem Berufswechsel.
3) Er hat kein Glück und wird krank – bis zur Arbeitsunfähigkeit, mit den möglichen Folgen der Arbeitslosigkeit und Renteneinbuße. Wohlgemerkt: unverschuldet!
Und was wird wohl im Lebenslauf von so einem Langzeiterkrankten stehen? Welcher Arbeitgeber wird wohl so einen „Schwächling" bei sich einstellen?
4) Er wehrt sich, respektive er versucht sich zu wehren. Und auch hier hat der Gemobbte mit größten gesundheitlichen Folgen und finanziellen Einbußen zu leben.

Mobbing ist immer negativ und unfair. Und die Auswirkungen sind meist immens.

In einem Aufsatz im Zusammenhang mit meinem Studium 2002 habe ich die Frage aufgegriffen, ob es nicht auch ein positives Mobbing geben kann.

*[… Kann es legitim sein, einen Mitarbeiter zum Verlassen der Firma zu bewegen (ihn rauszuekeln, zu mobben)? Zum Beispiel, wenn dieser Mitarbeiter ausnahmslos schlechteste Leistungen erbringt und dadurch die Existenz der Firma (und somit die Arbeitsplätze der gesamten Belegschaft) gefährdet – und die Chefetage reagiert nicht …]*

Nun, es ist klar. Auch in einem solchen Fall dürfen wir nicht den unfairen Weg des Mobbings wählen.

Wir müssen in jedem Fall mit dem Betroffenen ehrlich, fair und direkt die Probleme besprechen.

Als Arbeitgeber/Vorgesetzte sind wir sogar (auch moralisch) verpflichtet, ihm zu einer anderen Anstellung zu verhelfen, denn wir haben ihn ja bei uns eingestellt! Wenn er jetzt nicht – oder nicht mehr – unseren Anforderungen gerecht wird, ist das unser Problem! Und wir müssen dieses Problem menschlich und mit der nötigen Empathie lösen!

Die wirtschaftlichen Folgen von Mobbing/Bossing sind auch für den Arbeitgeber meist immens.

Neben den direkten Kosten kommen Ausfälle durch Krankschreibungen, schlechte Arbeitsleistung des Gemobbten infolge seiner Unsicherheit, die Arbeitsausfälle wegen Besprechungen und allfälligen Schlichtungsversuchen sowie allenfalls Berater- und Anwaltskosten dazu. (In meinem Fall belaufen sich diese Kosten, wie schon erwähnt, immerhin auf gut und gerne CHF 500'000.--)

Ich finde, dass dies eine völlig ungerechtfertigte Budgetbelastung für einen Arbeitgeber ist, nur um einem seiner „Super-Chefs" und Egomanen dessen Selbstbefriedigung zu ermöglichen.

Am schlimmsten aber sind die Folgen für den Gemobbten, deren man sich meist wohl nicht bewusst ist.

An erster Stelle steht da sicher die Gesundheit – und ihre Spätfolgen.

Und wie verhalten sich wohl die Mitarbeiter, wenn ein Gemobbter gegen seinen Mobber „gewinnt" und in der Firma bleiben kann? Sind die Mitarbeiter auch weiterhin noch Kollegen? Bleibt da nicht (trotz gewonnener Schlacht) ein gewisses Maß an Restzweifeln bei den Mitarbeitern zurück?

Oder was sagt ein Gemobbter, der sich „wegen unüberbrückbarer Differenzen" eine neue Anstellung sucht, zu einem möglichen neuen Arbeitgeber auf die Frage: „Warum verlassen Sie Ihren alten Arbeitsplatz?" – „Na ja. Ich wurde da gemobbt". Oder sagt er lieber: „Es gab unüberbrückbare Differenzen"? In beiden Fällen wird die Chance groß sein, dass er die Anstellung nicht bekommt ...

# Wer mobbt, warum und wie?

Wenn man den verschiedenen Quellen Glauben schenken darf, wird mindestens jeder zweite Fall von Mobbing durch Vorgesetzte ausgeübt. Tendenz steigend.

Unter der Voraussetzung, dass ein Vorgesetzter im Durchschnitt für etwa zehn bis zwanzig Mitarbeitende zuständig ist, bedeutet es, dass bis zwanzigmal mehr Mobber unter den Vorgesetzten anzutreffen sind als unter den „normalen" Angestellten.

Warum ist das so? Nun, ganz einfach.

In der heutigen Arbeitswelt kann nur ein Mensch die Position eines Vorgesetzten ausüben, welcher gewisse Eigenschaften mitbringt. An erster Stelle steht da bestimmt ein minimales Maß an Skrupellosigkeit. Weiter sind zu erwähnen: Durchsetzungsfähigkeit, Souveränität (bis zur Selbstverliebtheit), ohne eine Spur von Selbstzweifeln, und Ähnliches.

Die Vorgesetzten-Weiterbildung setzt solche Eigenschaften voraus und lehrt nur noch, wie man diese am effizientesten umsetzt. Menschlichkeit wird nur pro forma erwähnt. Denn das Ziel ist nichts anderes als Effizienz – und somit Gewinnsteigerung. Sparen ist angesagt – koste es, was es wolle ...

Und wer bringt solche Eigenschaften mit? Ganz sicher keine gefühlvollen und anständigen Mitbürger. Nein – es sind fast ausnahmslos Psychopathen. Zugegeben, es gibt auch Psychopathen, welche anständig bleiben und nicht einzelne Mitarbeiter attackieren. Aber glauben Sie mir, liebe Leser, in der heutigen Zeit in einem größeren Betrieb eine leitende Position (in der Form, wie sie heutzutage meist gefordert wird) auszuüben, braucht schon ein beträchtliches Maß an Perversion!

*[... Der perverse Narzisst findet ein lebensnotwendiges Vergnügen am Leid der anderen. Es bereitet ihm große Lust, andere zu demütigen und zu unterwerfen. ... Der narzisstisch Perverse ist gefühlskalt, größenwahnsinnig und ohne Gemüt. Er ist ohne jegliche Empathie für andere, aber erwartet von jedem, dass er sich für ihn/sie interessiert. Die Waffe des/der Perversen ist seine/ihre Gefühllosigkeit und Skrupellosigkeit. Statt Trauer verspürt er Wut, bei Ent-*

*täuschungen Groll und Zorn. … Ein wesentlicher Zug des perversen – narzisstischen Charakters ist seine Unverantwortlichkeit …]*
Marie-France Hirigoyen, Französische Psychotherapeutin; 1999

*[… Es ist äußerst beunruhigend, dass wichtige Akteure des Wirtschaftslebens, die über Macht und für ihre Machenschaften über einen nahezu unbegrenzt großen Spielraum verfügen, nicht fähig sind, Verantwortung zu tragen, weil Verantwortung ihrem Wesen fremd ist. … Zu Mobbing greifen Menschen oft, weil sie jemanden beneiden. Die Beneideten sind manchmal einfach jung oder attraktiv, intelligent oder besser gebildet. Menschen werden auch dann beneidet, wenn sie den Mut haben, ihre Meinung zu artikulieren und über eine Autonomie ihrer Person zu verfügen scheinen …]*
Eva Horváth-Bentz, Wien 2008

*[… Wenn Chefs oder Chefinnen mobben – auch Bossing genannt –, hat das meist mit Ängsten und Überforderung zu tun. Unsichere Führungskräfte fühlen sich durch ehrgeizige oder kritische Untergebene in ihrer Autorität bedroht, haben Angst, man könnte ihre Schwächen entdecken. Statt die Fähigkeiten kompetenter Mitarbeiter im Interesse der Firma zu nutzen und sie zu fördern, ziehen sie es vor, sie zu bremsen, ihre Ideen abzuwürgen und sie mit diffuser, unsachlicher Kritik zu verunsichern. Und so werden häufig gerade gute Leute demontiert und fertiggemacht …]*
ZV-Info/Mai 2014 (Zentralverband Öffentliches Personal Schweiz)

Diese Art Firmen zu leiten (frei von jeglicher Empathie, mittels Personalmanipulation und Unterdrückung statt Führung, Effizienzsteigerung und Gewinnoptimierung ums Verrecken) ist meiner Meinung nach eine vorübergehende, da sie völlig untauglich ist. – Man darf hoffen. Jedoch ist Geduld notwendig, denn freiwillig steigen „unsere Macher" nicht von ihrem jeweiligen Thron!

Mobbing (zwischen Mitarbeitern) ist auch stark abhängig von der Arbeitsmarktsituation. In den Siebzigerjahren hat sich in meiner Berufssparte ganz sicher niemand mobben lassen. Da ließ man sich ganz einfach vom nächstbesten Arbeitgeber anstellen.

Jetzt wissen wir, wer mobbt und warum. Fehlt noch das Wie.

Das Perfide am Mobbing, und insbesondere am Bossing, ist, dass die Täter gar nicht viel tun müssen. Da die potenziellen Opfer im Idealfall

Menschen mit sehr ausgeprägtem Gefühlsempfinden und Gerechtigkeitsdenken sind – und ich gebe es zu, auch ein gewisses Maß an Naivität mitbringen – braucht es vom Täter nur immer wieder kleine Anstöße in Form von ungerechtfertigten Aussagen, Andeutungen oder Unterstellungen. Der Rest, also das eigentliche Zermürben, wird dann vom Opfer selbst übernommen, indem es in der Folge laufend das eigene Tun hinterfragt. Da dann aber trotz Optimierung weiter Anstöße des Täters folgen, fangen die Opfer an, an sich zu zweifeln. Es baut sich Unsicherheit auf, was dann logischerweise zu vermehrten Fehlern bei der Arbeit führt. Und schon sieht sich das Opfer in dem vom Täter angestrebten Teufelskreis.

So einfach und arglistig funktioniert Bossing, liebe Leser.

# Wie sich wehren gegen Mobbing?

Sie können sich bei dem Vorgesetzten Ihres Chefs beschweren, aber die Chance, dass Ihnen da Recht widerfährt, ist doch eher gering.

Sie, wertes Opfer, wehren sich am besten gegen Bossing und Mobbing, wenn Sie ganz am Anfang der von Ihnen beobachteten Geschehnisse das Beobachtete direkt gegenüber dem Täter, Ihrem Chef, ansprechen. Und zwar unbedingt in Anwesenheit möglichst vieler Mitarbeiter. Zum Beispiel bei einer Personalinformation Ihres Chefs. Tun Sie dies aber sachlich und ohne Emotionen. Sagen Sie ihm, wie Sie seine Anfeindungen und Attacken empfinden und wie Sie sich dabei fühlen.

Es wird ihn zwar wahrscheinlich freuen zu hören, dass Sie auf seine Ekeleien reagieren, aber es wird ihn mindestens ebenso sehr ärgern, dass Sie dies nicht einfach so hinnehmen.

Was aber das Entscheidende ist, Sie haben ihre Mitarbeiter, die nun Mitwisser sind, als Zeugen, welche entsprechend aufmerksam das Geschehen in der Zukunft beobachten werden.

So bleibt Ihrem Täter nichts anderes übrig, als kürzerzutreten. Nun, lieben wird er Sie dann aber trotzdem nicht (wieder). Und loswerden will er Sie wahrscheinlich nach wie vor. Vielleicht sind Sie, wertes Opfer, aber trotzdem mit dieser (meiner Meinung nach einzigen erfolgversprechenden) Methode erfolgreich. Und glauben Sie mir, einen Versuch ist es allemal wert!

Weitere mögliche Reaktionen auf Mobbing/Bossing können nur sein, entweder ignorant zu bleiben (was kaum möglich ist) oder so bald wie möglich abzuhauen (das Ziel von Mobbing/Bossing) oder physisch/psychisch krank zu werden, bis zur Arbeitsunfähigkeit. (Ziel von Mobbing/Bossing ebenfalls erreicht).

Mobbing-/Bossing-Täter sind so gut wie nie zu überführen, da keine kriminaltechnischen oder juristischen Spuren hinterlassen werden. Es steht fast immer Aussage gegen Aussage.

# Wie kann Mobbing verhindert werden?

Sie müssen unbedingt verhindern, dass Sie gemobbt werden. Aber wie? Nun, Bossing kann eigentlich nur verhindert werden, wenn der Arbeitgeber anständige Chefs einstellt. – Aber die Anständigen bringen (kurzzeitig) zu wenig Effizienz und Gewinn. Und die „Managerschulen" lehren ja genau das: effizient sein durch Unanständigkeit. Und auf die Anstellungskriterien Ihres Arbeitgebers haben Sie ohnehin keinen Einfluss, werte Leser.

Der wahrscheinlich einzige Weg, um sich wirkungsvoll vor Mobbing und Bossing zu schützen ist, sich einen „kleinen" Arbeitgeber auszusuchen. Denn dieser kann sich Mobbing erst gar nicht leisten – von Bossing ganz zu schweigen.

# Bekannte Fälle, die auf Unanständigkeit in der Personalführung hinweisen

**April 1986**
Der Chef der Baupolizei der Stadt Zürich, Günther Tschanun, erschießt nach Spannungen an seinem Arbeitsplatz im Zürcher Hochbauamt vier Kollegen und verletzt einen fünften schwer. (Hochbauamt, Stadt Zürich)

**Februar 1993**
In Murifeld (Bern) erschießt ein 53-Jähriger seinen Bruder, der auch sein Chef war, dessen Ehefrau und einen Mitarbeiter. Danach begeht er Selbstmord. Offenbar wollte sein Bruder ihn entlassen.

**April 1993**
Ein 54-jähriger Angestellter der Berner Bedag Informatik läuft am Arbeitsplatz Amok und tötet zwei Menschen, bevor er sich selber umbringt. Offenbar hatte er Schwierigkeiten in der Familie und auch am Arbeitsplatz.

**November 1994**
Beim Installationsunternehmen Sanitas Troesch in St. Gallen erschießt ein Angestellter nach einem Konflikt mit seinen Vorgesetzten einen Kollegen und verletzt vier weitere.

**September 2001**
Das Attentat von Zug
Der 57-jährige Friedrich Leibacher erschießt aus Wut auf die Behörden im Zuger Kantonsparlament 14 Personen, anschließend richtet er sich selbst.

**Juli 2004**
Ein Mitarbeiter des Kaders der Zürcher Kantonalbank erschießt nach einem Konflikt am Arbeitsplatz in Zürich zwei Vorgesetzte und richtet sich selber.

**2007**
Whistleblowerinnen, Zopfi & Wyler, Sozialhilfebetrug im Sozialdepartement, Stadt Zürich

**Januar 2010**
Ein 57-jähriger Angestellter einer Sanitärfirma in Buchs ZH schießt auf seinen Chef und verletzt diesen lebensbedrohlich. Der Mann tötet sich danach selbst. Bei der Auseinandersetzung wird auch ein weiterer Mitarbeiter verletzt.

**Mai 2012**
Direktorin von Zürich-Tourismus, Marlies Ackermann, geht per sofort. *[... Es sei keine einseitige Trennung, sondern ein einvernehmliches Auflösen des Arbeitsvertrages, sagt Elmar Ledergerber, Präsident von Zürich Tourismus. In der Medienmitteilung wird als Grund «unterschiedliche Auffassungen über die Führung» der Organisation angegeben. Ausgedeutscht: Die 47-jährige Marketingfachfrau ist nach 17 Monaten im Amt über ihren Führungsstil gestolpert. Mitarbeiter hatten kritisiert, sie würden keine Kompetenzen und Gestaltungsmöglichkeiten erhalten. Die Chefin reisse alles an sich und wolle alles kontrollieren ...]*
Tages-Anzeiger, 15 Mai 2012

**2013**
Intrigen im Steueramt
(Kopie Center, Stadt Zürich)
*[... Die Konflikte kommen den Steuerzahler teuer zu stehen. 2011 diagnostizierte ein externer Berater für ein Honorar von 88 000 Franken eine „massive Führungskrise" beim Scan Center (Weltwoche Nr. 9/12). Wieder einmal kam es zu einem Wechsel an der Spitze: Der damalige Leiter musste gehen. Wie die Weltwoche aus sicherer Quelle weiss, wurde dieser anfänglich fristlos entlassen – wegen angeblicher sexueller Belästigung. Nach juristischer Gegenwehr des Beschuldigten musste die Stadt nachgeben. Sie schickte den Leiter stattdessen in den vorzeitigen Ruhestand, was 250 000 Franken gekostet haben soll. Es wurde Stillschweigen beschlossen ...]*
Die Weltwoche, Ausgabe 45, 2013

# Danksagung

Wenn nicht ihm – wem dann?

Ohne seine boshaften und menschenunwürdigen Intrigen wäre dieser Ratgeber niemals entstanden.

Danke, Chef!

Aber auch bei den Personen aus meinem privaten und dem Arbeitsumfeld, die sich auf meinem Leidensweg nicht von mir abgewendet haben, bedanke ich mich hier. Nur mit ihrer Hilfe – auch wenn diese Hilfe «lediglich» darin bestand, dass sie keine Partei ergriffen – habe ich dieses Martyrium überhaupt durchgestanden. Danke, liebe Mitarbeiter und Freunde!

Wertvolle Unterstützung habe ich auch von der Mobbingberatungsstelle, meiner Juristin, meinem Hausarzt und von Chef 4 erhalten. Auch ihnen allen meinen herzlichen Dank!

Den größten Dank schulde ich aber meiner lieben Frau. Sie hat meine Launenhaftigkeit, meinen Frust, meine Unsicherheit und Verzweiflung, mein Jammern und Fluchen, meine Phasen von Depression, mein Nörgeln, mein Streiten und auch mein Weinen tapfer ertragen. Sie hat mit mir meine Probleme durchgesprochen und mich immer und immer wieder von Neuem aufgebaut.

Danke, Schatz! – Miluji tě!

# Schlusswort

Werte Leser, ich hoffe ich konnte Ihnen den einen oder anderen Tipp zur Verarbeitung oder Vermeidung von Mobbingproblemen an Ihrem Arbeitsplatz geben.

Ich wünsche Ihnen viel Glück in Ihrem Arbeitsleben, und dass Sie auf harmlose vorgesetzte Psychopathen treffen.

Und selbstverständlich wünsche ich Ihnen auch privat nur das Beste und viel Gesundheit.

Im Mai 2019
Guido Ehrenmann

# Organigramm

## Übersicht 2015

```
                    ┌─────────┐
          ┌────────│  Chef4  │────────┐
          ↓         └────┬────┘        ↓
     ┌─────────┐         ↓        ┌─────────┐
     │ Andere  │←····  Chef3  ····→│ Andere  │
     └─────────┘         │        └─────────┘
     ┌─────────┐         ↓        ┌──────────────┐
     │ Andere  │←─── Chef2  ─────→│ Chef Personal│
     └─────────┘         │        └──────┬───────┘
     ┌─────────┐         ↓               ↓
     │ Andere  │←───  Chef   ───→    ┌───────┐
     └─────────┘         │           │ MAP1  │
                         │           └───────┘
     ┌───────────┐       │        ┌──────────────────┐
     │ Lehrlinge │←──────┤───────→│ Sekretariat Chef │
     └───────────┘       │        └──────────────────┘
     ┌──────────┐   ┌──────────┐   ┌──────┐
     │ Kollege1 │   │ Kollege2 │   │ ICH  │
     └────┬─────┘   └────┬─────┘   └──┬───┘
          ↓              ↓             ↓
     ┌────────┐     ┌────────┐    ┌────────┐
     │  MA10  │     │  MA4   │    │  MA1   │
     └────────┘     └────────┘    └────────┘
     ┌────────┐     ┌────────┐    ┌────────┐
     │  MA11  │     │  MA5   │    │  MA2   │
     └────────┘     └────────┘    └────────┘
     ┌────────┐     ┌────────┐    ┌────────┐
     │  MA12  │     │  MA6   │    │  MA3   │
     └────────┘     └────────┘    └────────┘
     ┌────────┐     ┌────────┐    ┌───────────┐
     │  MA13  │     │  MA7   │    │ Lehrling1 │
     └────────┘     └────────┘    └───────────┘
     ┌────────┐     ┌────────┐    ┌───────────┐
     │  MA14  │     │  MA8   │    │ Lehrling2 │
     └────────┘     └────────┘    └───────────┘
                    ┌────────┐
                    │  MA9   │
                    └────────┘
```

# Inhaltsverzeichnis

**Vorwort** .................................... 5

**Erster Teil** .................................. 8
Montag, 18. März 2016 – Hiob ................... 9
Herbst 2010 – Anwerbung ....................... 10
   *Tipp für Opfer:* ............................ 11
   *Tipp für Täter:* ............................ 11
Winter 2010/2011 – Hurra, ein neuer Job ........ 12
   *Tipp für Opfer:* ............................ 13
   *Tipp für Täter:* ............................ 13
April 2011 bis September 2013 – fast alles gut ... 15
   *Tipp für Opfer:* ............................ 16
   *Tipp für Täter:* ............................ 16
Oktober 2013 bis Ende 2013 – der soziale Chef ... 20
2011 bis 2013 – alles gut ........................ 21
Januar 2014 bis August 2014 – Jetzt geht's los! .. 22
   *Tipp für Opfer:* ............................ 24
   *Tipp für Täter:* ............................ 24
   *Tipp für Opfer:* ............................ 28
   *Tipp für Täter:* ............................ 28
September bis Dezember 2014 – Vorbereitung .... 30
   *Tipp für Opfer:* ............................ 33
   *Tipp für Täter:* ............................ 33
Freitag, 12. Dezember 2014 – Der Druck steigt ... 34
Mittwoch, 17. Dezember 2014 – lustlos .......... 35
   *Tipp für Opfer:* ............................ 36
   *Tipp für Täter:* ............................ 37
Januar bis März 2015 – außen vor, aber schuldig .. 38
   *Tipp für Opfer:* ............................ 39
   *Tipp für Täter:* ............................ 39
Montag, 30. März bis Mitte April 2015 – Ruhe ... 41
Mitte April bis Mitte Juli 2015 – drei Monate des Horrors .... 42

*Tipp für Opfer:* .................................... 44
*Tipp für Täter:* .................................... 44
*Tipp für Opfer:* .................................... 47
*Tipp für Täter:* .................................... 47
18. Mai 2015 – erfolgreiche Gegenwehr zum Ersten ........ 49
29. Mai 2015 –  erfolgreiche Gegenwehr zum Zweiten ...... 50
*Tipp für Opfer:* .................................... 51
*Tipp für Täter:* .................................... 51
*Tipp für Opfer:* .................................... 53
*Tipp 1 für Täter:* .................................. 54
*Tipp 2 für Täter:* .................................. 54
Dienstag, 14. Juli 2015 – Machtdemonstration ............. 55
Donnerstag, 16. Juli 2015 – Es geht noch schlimmer! ........ 57
*Tipp für Opfer:* .................................... 60
*Tipp für Täter:* .................................... 60
Freitag, 24. Juli 2015 – Überwindung ................... 62
Montag, 27. Juli 2015 – Diskretion vom Feinsten ........... 63
Mittwoch, 29. Juli 2015 – Dringend .................... 64
Donnerstag, 30. Juli 2015 – Endlich! .................... 65
Mittwoch, 12. August 2015 – das Ende der Wartezeit ....... 66
Donnerstag, 13. August 2015 – Fuck! ................... 67
Freitag, 14. August 2015 – Vertrauen bringt's nicht ......... 68
17. August bis 30. Oktober 2015 – Nichts geht! ............ 71
Montag, 02. November 2015 – Inkompetenz .............. 73
Dienstag, 17. November 2015 – Schritt für Schritt .......... 75
Dienstag, 17. November 2015 – Unzuverlässig ............. 78
*Tipp für Täter:* .................................... 79
Montag, 07. Dezember 2015 – Gnadenlos ................ 80
*Tipp für Opfer:* .................................... 82
*Tipp für Täter:* .................................... 82
Mittwoch, 09. Dezember 2015 – Mobbingberatung ......... 83
Donnerstag, 10. Dezember 2015 – Arbeitsunfähig .......... 85
Donnerstag, 17. Dezember 2015 – Gerüchte .............. 86
*Tipp für Opfer:* .................................... 88
*Tipp für Täter:* .................................... 88
Montag, 21. Dezember 2015 – besinnliche Festtage ......... 89
*Tipp für Opfer:* .................................... 93

*Tipp für Täter:* .................................. 93
*Tipp für Opfer:* .................................. 95
*Tipp für Täter:* .................................. 95
Montag, 04. Januar 2016 – Information total ............ 96
*Tipp für Täter:* .................................. 98
Dienstag, 05. Januar 2016 – Unterstellungen ............ 101
*Tipp für Opfer:* .................................. 105
*Tipp für Täter:* .................................. 105
Freitag, 15. Januar 2016 – Stellvertreter ................ 107
Freitag, 15. Januar 2016, 15:15 Uhr – Info .............. 112
Dienstag, 19. Januar 2016 – Kondolenz ................ 113
*Tipp für Täter:* .................................. 114
Montag, 25. Januar 2016 – Wie der Blitz ............... 115
Dienstag, 02. Februar 2016 – uninteressant ............. 116
Mittwoch, 03. Februar 2016 – Stellungnahme ........... 118
Februar 2016 – Chef als Werkstattchef ................ 121
Donnerstag, 03. und Freitag, 11. März – Befragungen ...... 122
Freitag, 04. und Montag, 07. März 2016 – Ausrede ........ 123
Freitag, 18. März 2016 – Hiob ....................... 124
Mittwoch, 30. März 2016 – Toastbrot ................. 127
Dienstag, 05., bis Montag, 11. April 2016 – Vertrauen ...... 128
Freitag, 15. April 2016 – Ultimatum .................. 130
Dienstag, 19. April 2016 – Tag der Entscheidung ......... 133
Mittwoch, 20. April 2016 – Überblick für Chef 4 ......... 140
Sonntag, 24. April 2016 – Faktenabklärung ............. 142
Montag, 25. April 2016 – Meine Stellungnahme und ... .... 143
Freitag, 29. April 2016 – ein Lichtblick ................ 151
Freitag, 13. Mai 2016 – Rechtsvertretung .............. 154
Mittwoch, 25. Mai 2016 – Einspruch ................. 155
Freitag, 27. Mai 2016 – verlängert .................... 156
Freitag, 10. Juni 2016 – Chef 4 ...................... 157
Juni 2016 bis August 2016 – zurückgezogen ............. 158
Zusammenfassung ................................. 159
Gesundheit ....................................... 161
Kosten .......................................... 162
Chef/Arbeitgeber ................................. 163
Recht und Gerechtigkeit ............................ 165

Freunde .................................................. 166
Schlussfolgerung ...................................... 167
Was danach noch geschah .......................... 169

**Zweiter Teil** ........................................ 174
Beratungsstellen ...................................... 175
Der Psychopath ........................................ 176
Wie wichtig bin ich? ................................. 178
Pareto Prinzip ......................................... 179
Mitarbeiterbeurteilung heute ..................... 180
Vertrauen .............................................. 182
Arbeiter ohne Chef vs. Chef ohne Arbeiter ............. 183
Recht und Gesetz .................................... 184
Was ist Mobbing am Arbeitsplatz? –
   Und was sind die Folgen? ..................... 185
Wer mobbt, warum und wie? ....................... 189
Wie sich wehren gegen Mobbing? ................. 192
Wie kann Mobbing verhindert werden? ............. 193
Bekannte Fälle, die auf Unanständigkeit
   in der Personalführung hinweisen ............ 194
Danksagung ........................................... 196
Schlusswort ........................................... 197
Organigramm ......................................... 198

# Der Autor

Der 1954 in der Schweiz geborene Guido Ehrenmann schloss nach Grund- und Berufsschule eine Lehre als Autoelektriker ab. Er bildete sich auf diesem Gebiet ständig weiter und übte seinen Beruf in verschiedenen Anstellungen aus. Mit 51 Jahren schloss er ein mehrjähriges berufsbegleitendes Studium zum Dipl. Flugzeugtechniker ab. Er hat Werkstätten geleitet, Lehrlinge ausgebildet, Kurse ausgearbeitet und unterrichtet.
Guido Ehrenmann hat schon immer gern geschrieben und seine Gedanken zu Papier gebracht. So verwundert es kaum, dass auch das Lesen, neben dem Querdenken, zu seinen Lieblingsbeschäftigungen gehört.
Kontakt: guidoehrenmann@gmail.com

## Der Verlag

**novum** ◆ VERLAG FÜR NEUAUTOREN

*Wer aufhört
besser zu werden,
hat aufgehört
gut zu sein!*

Basierend auf diesem Motto ist es dem novum Verlag ein Anliegen neue Manuskripte aufzuspüren, zu veröffentlichen und deren Autoren langfristig zu fördern. Mittlerweile gilt der 1997 gegründete und mehrfach prämierte Verlag als Spezialist für Neuautoren in Deutschland, Österreich und der Schweiz.

**Für jedes neue Manuskript wird innerhalb weniger Wochen eine kostenfreie, unverbindliche Lektorats-Prüfung erstellt.**

Weitere Informationen zum Verlag und seinen Büchern finden Sie im Internet unter:

www.novumverlag.com